D1671082

Richard Thomas

JIMI HENDRIX

de A à Z

Illustration de couverture : Colonel Moutarde

les guides
MusicBook

Également disponibles dans la même collection

THE BEATLES
BJÖRK
DAVID BOWIE
THE CURE
DEPECHE MODE
JIMI HENDRIX
MADONNA
BOB MARLEY
NIRVANA
RADIOHEAD

Directeur de collection :
Stéphane CHABENAT
Assisté de Sylvie PINA

JIMI HENDRIX

Jimi Hendrix, guitar hero

Une carrière courte et fulgurante, un jeu exceptionnel, une présence charismatique et une légende toujours entretenue : Jimi Hendrix fut l'un des anges musiciens de notre siècle...

En seulement quatre ans, de 1967 à 1970, et quatre albums, dont trois en studio, le guitariste et chanteur Jimi Hendrix (de son vrai nom Johnny Allen Hendrix) a révolutionné le monde du rock, en le faisant basculer de l'innocence du Flower Power aux foudres du psychédélisme, en introduisant des éléments étrangers dans sa propre fusion musicale (outre le blues et le rock, des schémas jazz, des distorsions, des effets…), mais aussi en marquant, par sa mort, la fin des années « romantiques » londoniennes et le début des années de plomb de la décennie 70, avec l'épanouissement à venir du heavy metal, du rock progressif et même du punk.

De l'idéalisme au cynisme, les influences musicales et textuelles de Hendrix furent innombrables à partir de sa mort. Ses classiques devinrent des manuels grandeur nature pour de nombreux guitaristes en herbe. Et même le commun des non-mélomanes doit reconnaître que le jeu de Hendrix, d'une puissance et d'une sensualité phénoménales, est devenu une sorte d'étalon en la matière. Le guitariste a aussi révolutionné le jeu de scène, avec ses gimmicks bien connus (cordes entre les dents, guitare enflammée…). L'attrait irrésistible d'Hendrix se note aussi avec le nombre de sorties posthumes du guitariste : 300 albums pour seulement 4 officiels publiés de son vivant ! Preuve que le public, non rassasié, en désire encore.

Hendrix fut un visionnaire, il ne s'est pas contenté de son simple univers de guitariste.

Hendrix fut un visionnaire. À l'image de pionniers comme Little Richard, Buddy Holly, Presley ou The Beatles, il ne s'est pas contenté de son simple univers de guitariste : il a repoussé toutes les barrières possibles. Ultra perfectionniste (il passait des journées entières en studio afin de se concentrer sur deux ou trois mesures de guitare), Hendrix savait qu'il ne pouvait se contenter de quelques accords basiques ou riffs. Il était d'ailleurs littéralement « malade » quand, avant de développer sa carrière en solo, il devait accompagner d'autres artistes en restant dans l'ombre.

Personnage complexe et insaisissable, Hendrix était un déraciné (par ses origines cherokee et son exil londonien) qui ne se reconnaissait en aucun public. Il jouait pour un public essentiellement blanc, lui qui ne se référait qu'au blues, et la communauté noire mit beaucoup de temps à l'accepter… Auteur de singles fulgurants, personnage à part entière des célèbres festivals de la fin des années 60 (Woodstock, Monterey Pop Festival, Wight…), ami de l'intelligentsia musicale de l'époque (admiration des Rolling Stones, des Beatles, contacts avec Eric Clapton, Beck, Stevie Winwood, Miles Davis, John McLaughlin, etc.), Jimi Hendrix était au centre du maelström musical qui emporta Londres à la fin des années 60, du Swingin' London aux prémices du punk, en passant par le Flower Power et le psychédélisme.

Son héritage, un moment balancé entre différents prestataires de contrats, est aujourd'hui entre les mains de sa famille. Les intéressantes rééditions qui se sont succédé depuis le milieu des années 90 permettent de jeter une oreille nouvelle sur les réalisations si originales de ce guitariste unique. Sa mort a marqué la fin violente des stars « romantiques » de cette génération (Brian Jones, Janis Joplin, Jim Morrison…). Mais l'aura de Jimi Hendrix demeure plus que jamais présente.

Le journaliste anglais, Charles Shaar Murray, résume bien la personnalité protéiforme du guitariste : « Il fut sans aucun doute un homme de son temps, perméable à son environnement, mais sa formule musicale particulière – où jazz, blues, rock et soul n'étaient pas des genres distincts réclamant d'être intégrés, combinés, fusionnés,

Héritage

Les intéressantes rééditions qui se sont succédé depuis le milieu des années 90 permettent de jeter une oreille nouvelle sur les réalisations si originales de ce guitariste.

mais les différentes facettes d'une même musique – n'appartenait qu'à lui. Jimi Hendrix n'était pas un musicien "naturalisé". Comme la plupart des gens dignes d'intérêt, il cultivait le paradoxe et la contradiction. Individualiste forcené (par nature, sinon par choix), il recherchait l'appartenance à une communauté. Pacifiste par sa philosophie, doux et réservé par son éducation, il était capable de terribles accès de violence, à la fois sous la forme stylisée d'un jeu de scène ou dans de soudaines crises en privé. C'était un iconoclaste fidèle à la tradition ; un symbole du machisme rampant qui trouvait support et confiance dans la gent féminine ; un artiste américain transplanté en Angleterre et vendu ensuite à l'Amérique comme une nouveauté anglaise ; un amoureux des racines explorant les techniques modernes ; un Noir empruntant aux Blancs ce qu'ils avaient volé aux Noirs ; un improvisateur suprêmement doué, confiné au format de la chanson de trois minutes ; un pessimiste résolu qui jamais ne cessa de quêter le salut ; un guitariste qui voulait être un orchestre à lui seul. »

Charles Shaar Murray,
Jimi Hendrix, *Vie et Légende* (Lieu Commun)

Note : dans les pages qui suivent, les CD indispensables et disponibles de Jimi Hendrix comportent un astérisque (*).

Animals (The) **Groupe de rhythm and blues britannique**, emmené par son chanteur charismatique Eric Burdon. Cette formation remporte un succès important avec la reprise de *The House of the Rising Sun.* Grâce à la présence et à la voix d'Éric Burdon, les Animals, en compagnie des Rolling Stones, ont littéralement réinvesti le rhythm and blues noir américain. Le groupe ne dura que trois ans (1964-1967) mais il permit à Bryan « Chas » Chandler, le bassiste du groupe, de découvrir le jeune prodige Jimi Hendrix à Londres.

Chandler fut tellement impressionné par son jeu de guitare qu'il décida sur le champ d'abandonner ses activités au sein des Animals pour se consacrer exclusivement à la carrière de Jimi Hendrix. En réalité, Eric Burdon avait déjà plus ou moins sabordé le groupe en 1967, du fait de sa prise excessive de LSD.

Chas Chandler produira les deux premiers albums de Jimi Hendrix. Il s'associera avec Mike Jeffery pour prendre en main la gestion des affaires de son favori. Chas Chandler meurt en 1996 à Newcastle.

Burdon, quant à lui, poursuit son activité de chanteur avec moins de succès et pour quelques rares fans.

Are You Experienced ? *

Album de The Jimi Hendrix Experience paru en mai 1967 (Europe), août 1967 (États-Unis). Réédition CD agrémentée de bonus en avril 1997.

Foxy Lady – Manic Depression – Red House – Can You See Me – Love Or Confusion – I Don't Live Today – May This Be Love – Fire – Third Stone From the Sun – Remember – Are You Experienced? – Hey Joe – Stone Free – Purple Haze – 51st Anniversary – The Wind Cries Mary – Highway Chile

Trente-cinq ans après sa sortie, *Are You Experienced?* demeure comme l'une des pierres de fondation de la modernité du son, qui s'empare des studios et des scènes en cette fin des années 60. Cette même année (1967), les Beatles sortent leur chef-d'œuvre *Sergeant Pepper's Lonely Hearts Club Band*, et des groupes aussi divers que Pink Floyd ou Led Zeppelin, les uns pour l'esthétisme psychédélique, les autres pour la force des riffs, préparent dans l'ombre de nouvelles révolutions sonores.

Le contexte de l'époque était explosif. *Are You Experienced?* présentait l'image d'une sorte de hippie-gitan (futur « gypsy »), habillé de couleurs et portant un bandana. Un guitariste noir, gaucher, entouré de deux blancs !

Dans une Amérique alors peu sensibilisée à la cause des Noirs (1968) et déjà empêtrée dans la guerre du

Viêt-Nam, Jimi Hendrix faisait figure d'extra-terrestre (lui-même était un passionné de science-fiction…), partant à la conquête de la planète, sa guitare Stratocaster Fender en main.

Côté musique, *Are You Experienced ?* recèle déjà toute la recette du génie de Jimi Hendrix, entre reprise somptueuse du blues qui a bercé sa jeunesse *(Hey Joe)*, base énergique d'un certain nombre de standards *(Fire,* qui allait ensuite introduire ses concerts) et standards tout court *(Purple Haze)*… Sans oublier des thèmes déjà désordonnés et sombres qui faisaient de lui autant un poète inspiré qu'un compositeur de génie.

La mort est déjà présente (*I Don't Live Today :* « Feel like I'm livin' at the bottom of a grave »), ainsi que l'initiation *(Are You Experienced ?),* les désillusions de la vie *(Manic Depression),* mais aussi le sexe *(Foxy Lady)*… Un album-somme en quelque sorte, alors que Hendrix n'a pas encore 25 ans, et qu'il débute depuis à peine une année sa carrière avec son groupe, le Jimi Hendrix Experience…

Avant cet album, Jimi Hendrix est cependant déjà largement connu du public anglais, alors que le public américain le découvre essentiellement à partir du festival de Monterey. On peut affirmer que *Are You Experienced ?* va définitivement le placer sur orbite, entre concerts extatiques et fascination des foules pour cet archange venu d'ailleurs.

Cet album permet en effet au guitariste de jeter un pont entre Angleterre et USA, lui assurant de redécouvrir un public qui l'avait boudé à ses débuts.

Axis : Bold as Love*

Album de The Jimi Hendrix Experience paru en décembre 1967. Réédition CD en avril 1997.

EXP – Up From the Skies – Spanish Castle Magic – Wait Until Tomorrow – Ain't no Telling – Little Wing – If 6 Was 9 – You Got Me Floatin' – Castles Made of Sand – She's so Fine – One Rainy Wish – Little Miss Lover – Bold as Love

Are You Experienced? avait **introduit de manière extraordinaire** le talent de Jimi Hendrix. *Axis : Bold as Love* en révèle la grande diversité, et ce, au cours de cette même année 1967, décidément magique pour le guitariste. Si le précédent album, de l'aveu même de Jimi Hendrix, restait relativement « terre à terre » quant aux thèmes abordés (amour, mort, sexe…), *Axis* semble s'échapper vers d'autres cieux. Jimi Hendrix a écouté les Beatles, il découvre les racines naissantes du psychédélisme et les drogues. Il ouvre son esprit et son inspiration, tente de nouvelles expériences musicales (*Up From the Skies* : « I want to see and hear everything »…).

Si certains titres possèdent une facture classique (*Wait Until Tomorrow*), d'autres, par leur beauté et leur esprit émancipé, recèlent une force de caractère extraordinaire (*Spanish Castle Magic, Little Wing, Castles Made of Sand*…). L'amour est toujours présent, qu'il soit suggéré (*Little Wing* : « Well she's walking through the clouds/Butterflies and zebras and moonbeams and fairy tales »), ou réel (*She's so Fine*). Parallèlement à une ouverture d'esprit se produisant dans l'ensemble de la pop music de cette fin 1967, *Axis* explore de nouvelles voies, de nouveaux langages. Le sommet de cette exploration se nomme ici *Castles (Are) Made of Sand* : « He cries, Oh girl, you must be mad/What happened to the sweet love you and me had ?/Against the door he leans and starts a scene/And his tears fall and burn the garden green ».

Axis : Bold as Love sera pour Hendrix l'album de la sérénité et du génie, concluant une année 1967 exceptionnelle. Rien ne semblait devoir l'arrêter dans cette voie. Il était le meilleur guitariste du monde. Il devenait l'un des compositeurs essentiels de sa génération.

Band of Gypsys*

Album live de Jimi Hendrix paru en mai 1970. Réédition CD en avril 1997.

Who Knows – Machine Gun – Changes – Power to Love – Message to Love – We Gotta Live Together

Le Jimi Hendrix Experience est déjà loin en cette fin d'année 1969. *Band of Gypsys,* enregistré au Fillmore East durant la nuit du 31 décembre 1969, présente un groupe composé uniquement de musiciens noirs (Billy Cox à la basse et Buddy Miles à la batterie), et affiche de nouvelles ambitions et un discours plus politisé (Hendrix se rapproche alors des Black Panthers, même s'il restera toujours extrêmement prudent face aux options politiques du mouvement).

Machine Gun est sans aucun doute le sommet de cet album, violent réquisitoire contre la guerre du Viêt-Nam. Il n'y a aucune ambiguïté quand, à l'occasion de cette chanson, il rend hommage aux soldats combattant là-bas. Il sait ce que cela représente, car il a été chez les parachutistes. Il ne soutient pas une cause, une guerre ou des soldats. Il essaye simplement de rendre hommage à de pauvres types totalement dépassés par ce qu'ils vivent (« And you'll be going just the same/Yeah, Machine Gun/Tearing my family apart »). *Band of Gypsys* est le sommet d'une expérience, celle d'une sorte de groupe « expérimental », après les succès énormes des précédents albums de Jimi Hendrix. Une expérience qui, scéniquement, ne tiendra pas la route (cette formule ne durera que l'espace d'une poignée de concerts), et qui montrera donc rapidement ses limites. (En janvier 1970, son groupe fait une prestation avortée au Madison Square Garden, lors d'un concert donné dans le cadre d'un meeting contre la guerre du Viêt-Nam).

BBC Sessions *

Album posthume de Jimi Hendrix paru en 1999.

CD1 : Foxey Lady – Alexis Korner Introduction – Can You Please Crawl out Your Window ? – Rhythm and Blues World Service – (I'm Your) Hoochi Coochie Man – Travelling with the Experience – Driving South – Fire – Little Miss Lover – Introducing the Experience – The Burning of the Midnight Lamp – Catfish Blues – Stone Free – Love or Confusion – Hey Joe – Hound Dog – Driving South – Hear my Train a Comin'

CD2 : Purple Haze – Killing Floor – Radio One – Wait Until Tomorrow – Day Tripper – Spanish Castle Magic – Jammin' –

I Was Made to Love Her – Foxey Lady – A Brand New Sound – Hey Joe – Manic Depression – Driving South – Hear My Train A Comin' – A Happening for Lulu – Voodoo Child (Slight Return) – Lulu Introduction – Hey Joe – Sunshine of Your Love

Plus de 30 enregistrements originaux remastérisés d'après les archives de la BBC. Cette compilation de titres s'étend de 1967 à 1969 et regroupe tous les titres captés par la radio et la télévision britanniques. De nombreux titres en nouvelle version, et quelques curiosités.

Best of Jimi Hendrix (The)

Album posthume de Jimi Hendrix paru en mai 1987.

Who Knows – Machine Gun – Hear my Train a Comin' – Foxy Lady – Power to Love – Message to Love – Voodoo Chile – Stone Free – Ezy Ryder

Ce *Best of*, édité chez Capitol, est une compilation intéressante, présentant des titres rarement publiés en CD, comme *Power to Love* ou *Ezy Ryder*. Ce n'est pas une compilation exhaustive, mais elle présente avec justesse la face cachée d'un artiste d'exception.

Bloomfield (Mike)

Guitariste et chanteur américain. Bloomfield, comme d'autres artistes, a été fauché par les ravages de l'héroïne alors qu'il n'était âgé que de 36 ans. Il connaît une brillante carrière à la fin des années 60, quand il accompagne Bob Dylan sur son album *Highway 61 Revisited* (il était déjà avec lui en 1965, lors de son premier concert à la guitare électrique de Newport). Par la suite,

Mike Bloomfield fonda The Electric Flag avec Buddy Miles et Nick Gravenites. Extrêmement impressionné par le jeu de guitare de Hendrix, il va jusqu'à déclarer « ne plus vouloir jouer de guitare pendant un an » ! De l'avis de tous les spécialistes, il fut pourtant l'un des grands spécialistes de la six-cordes durant les années 60, au même titre que Jeff Beck ou Eric Clapton.

Blues * Album posthume de Jimi Hendrix paru en 1994.

Hear my Train a Comin' (Acoustic) – *Born Under a Bad Sign* – *Red House* – *Catfish Blues* – *Voodoo Chile Blues* – *Mannish Boy* – *Once I Had a Woman* – *Bleeding Heart* – *Jelly 292* – *Electric Church Red House* – *Hear my Train a Comin'* (Electric)

Il paraît évident de dresser une filiation entre le blues et Jimi Hendrix, lui qui fut « biberonné » dans ce style, alors qu'il vivait encore chez ses parents. Il a d'abord exercé son talent sur des standards du blues, et ce disque rend hommage à un artiste qui a toujours respecté ses racines, même si sa musique était tournée vers l'avenir. *Blues* présente des curiosités passionnantes, comme ce *Voodoo Chile,* version blues, ou ce véritable morceau d'anthologie qu'est ici *Electric Church Red House.*

« **Je ne fais pas de séparation** entre Eric Dolphy, Sly Stone, Thelonious Monk et John Coltrane, parce qu'il y

a quelque chose qui relie tous ces gens et qui est le blues. Le blues est ce qui relie Ornette Coleman aux Temptations ou Hendrix à Coltrane. » *Vernon Reid*
(Living Colour)

« Hendrix joue du "delta blues", d'accord – mais c'est un Delta qui devait se trouver sur Mars. » *Tony Glover*

« Hendrix a redéfini la culture noire… et pourtant il œuvrait dans un style noir presque archaïque… C'est assez extraordinaire qu'il ait construit sa musique sur la mouture la plus primitive du rock électrique. Soir après soir, après qu'il en eut mis plein la vue à tout le monde, le grand moment du concert, celui où tout le monde retenait son souffle, c'était *Red House*. Alors, le silence se faisait. Lui-même était plus calme : il chantait, il jouait, et il n'avait même plus besoin d'un groupe. Le noyau de tout ça, c'était John Lee Hooker, ce genre de truc, au bout du compte… rien que le country-blues, avec ces types aux voix très douces, presque un murmure, comme Jimmy Reed. Aux débuts du blues, il y avait beaucoup de chanteurs intimistes. Ce n'était pas Little Richard ou Otis Redding, avec leurs grandes déclarations genou en terre, c'était une tout autre manière, celle de Robert Johnson. Au milieu de tout ce maëlstrom, il devenait aussi intimiste qu'un chanteur de country-blues. » *Robert Wyatt*

Booker T. & the MG's
Formation de soul et rhythm and blues américaine, au sein de laquelle on trouve le guitariste de génie Steve Cropper, avec qui Jimi Hendrix va s'exercer quelque temps au milieu des années 60.

Steve Cropper possédait alors une Fender Telecaster. Si les Booker ont signé le classique *Green Onions*, ils ont surtout composé une série de tubes imparables pour de nombreux artistes : *In the Midnight Hour* pour Wilson Pickett, *Soul Man* pour Sam & Dave, *Sittin' on the Dock of the Bay* pour Otis Redding, *Knock on Wood* pour Eddie Floyd... C'est à la fin des années 60 qu'ils atteignent le sommet de leur popularité. Ils poursuivent aujourd'hui une carrière plus modeste, entrecoupée d'hommages (nomination du groupe au « Rock & Roll Hall of Fame », compilations, etc.).

Couleur de peau

« Il y a deux genres [de rock] – noir et blanc. Et vous voyez des bourgeois blacks qui se mettent à chanter "blanc" tandis que des blancs veulent sonner "noir". Cela me met mal à l'aise… tous ces groupes blancs avec plein de cheveux et des fringues bizarres – il leur faut toute cette merde pour y arriver… Mais Jimi Hendrix te prend deux mecs blancs et il leur fait se sortir les tripes… »

Miles Davis

Cox (Billy)

Bassiste du Band of Gypsys.

Le Band of Gypsys est la formation que Hendrix a créé suite à la dissolution du Jimi Hendrix Experience. Le trio, qui comprend également le batteur Buddy Miles, ne dure que le temps d'un album live portant le nom du groupe (un témoignage d'un concert au Fillmore East). Cox a également participé à la très brève résurrection du Jimi Hendrix Experience que Hendrix effectue en 1970.

Avant Band of Gypsys, Cox et Hendrix avaient déjà formé un groupe : The Casuals, qui interprétait du blues et du rock 'n' roll, dans des clubs et bars de Nashville. « Je me souviens de la première fois que j'ai vu jouer Hendrix. Cela ressemblait à Beethoven effectuant une jam session avec John Lee Hooker... »

Cry of Love (The)

Album posthume de Jimi Hendrix paru en mars 1971.

Freedom – Drifting – Ezy Ryder – Night Bird Flying – My Friend – Straight Ahead – Astro Man – Angel – In From the Storm – Belly Button Window

En ce mois de mars 1971, quelques mois après la mort de Jimi Hendrix, Alan Douglas, en charge de l'héritage sonore du « Voodoo Child », commence à sortir les bandes qu'il a exhumées des studios d'enregistrement (en particulier de l'Electric Studio de New York) où avait travaillé Hendrix. *The Cry of Love* est la première édition post-mortem d'importance de l'œuvre de Jimi Hendrix.

Curtis (King)

Ce saxophoniste et arrangeur américain, mort tragiquement en 1971, se promettait à une belle carrière en compagnie de l'orchestre d'Aretha Franklin. C'est durant les années 60 qu'il connut une carrière brillante, en particulier avec son groupe les Kingpins qui embaucha un court moment Jimi Hendrix. Curtis a eu l'intelligence de s'adapter à de multiples répertoires : il a ainsi joué avec des artistes aussi divers que Buddy Holly, John Lennon ou Herbie Mann (flûtiste de jazz).

Dannemann (Monica)

Girlfriend de Jimi Hendrix durant les années 60.

Parmi les quelques filles que Hendrix côtoya durant ces années, l'Est-Allemande Monica Dannemann est sans doute la plus connue. C'est à l'âge de 23 ans qu'elle rencontre Hendrix, alors qu'elle est championne de patinage artistique. Elle décède le 5 avril 1996, dans le Sussex, de ce qui ressemble fort à une tentative de suicide (aucun rapport d'expertise n'est formel sur ce point).

Elle venait juste de rédiger ses mémoires (*The Inner Life of Jimi Hendrix*) et sortait d'un procès avec une autre ex-girlfriend de Hendrix, Kathy Etchingham, précisément à propos de déclarations tirées de son ouvrage. Les deux femmes se sont rejetée pendant près de trente ans la responsabilité de propos concernant la mort de Hendrix, à l'époque où les deux venaient juste de sortir d'affaires de cœur avec le guitariste. Ce conflit quelque peu curieux pris donc fin avec la mort de Dannemann.

Etchingham a fréquenté Hendrix entre 1968 et 1969. C'est dans le propre appartement de Monica Dannemann que Hendrix trouve la mort, le 18 septembre 1970. Après, Monica Dannemann avait passé son existence à peindre de grandes fresques dans sa maison, avec pour seul sujet… Jimi Hendrix. Elle déclarait encore en 1995 : « Je regrette un peu cette activité parfois, car je n'ai que très rarement l'occasion de sortir. Je me suis imposée une mission importante depuis la mort de Jimi. Je m'étais promis qu'à sa mort, je devais répandre son message dans le monde entier. Ces peintures ont toujours été un moyen d'y parvenir. Je vis une existence solitaire. Mais sans ma rencontre avec Jimi, ma vie aurait été extrêmement ordinaire… »

Davis (Miles) **Le trompettiste de jazz Miles Davis** s'intéresse à partir des années 60 à la pop et au rock, cherchant dans ces courants novateurs l'inspiration qu'il ne trouvait plus dans son style. À partir de la fin des années 60, et après avoir côtoyé Jimi Hendrix et d'autres rock stars, Miles Davis électrifie son jazz (*Bitches Brew* en 1969 ou *On the Corner* en 1972, faisant suite à son expérience de *In a Silent Way*).

Day (Jimi Hendrix) **Hendrix est né le 27 novembre 1942 à Seattle.** Sans doute parce que la ville d'où il est originaire n'a pas toujours été tendre avec son fils prodige, Norman Rice, maire de la de Seattle en 1992, proclama que le 27 novembre serait désormais la « journée Jimi Hendrix ».

Différences **« Les gosses noirs pensent qu'à présent, la musique est blanche,** mais ce n'est pas vrai… La discussion n'est pas entre noir et blanc : ce n'est qu'un jeu inventé par la société pour nous dresser les uns contre les autres… et le plus marrant dans l'histoire, c'est qu'on ne peut plus s'en tirer avec ce vieux truc. C'est très facile de dire ce qui est noir et ce qui est blanc. On peut voir la différence. Mais si l'on veut aller au fond, le vrai problème, c'est entre jeune et vieux – pas en âge, mais dans la façon de penser. L'ancien et le nouveau, en fait. Pas le jeune et le vieux… La plupart des gens vont en troupeau. Ce qui n'est pas une mauvaise idée. C'est vrai, n'est-ce pas ? C'est pour ça qu'on a les Black Panthers, et en face le troupeau du Ku Klux Klan. Tout ça, c'est du troupeau… »

Jimi Hendrix,
cité dans la biographie
Scuse Me While I Kiss the Sky
de David Henderson

Douglas (Alan) **Alan Douglas rencontre Jimi Hendrix en 1969,** et produit pour lui de nombreuses compositions. À la mort de ce dernier, Reprise Records désigne Alan Douglas comme responsable des enregistrements exhumés du guitariste. Une vraie poigne de fer s'occupe dès lors des rééditions des bandes de Jimi Hendrix. Jusqu'à ce que, en 1995, deux membres de la famille Hendrix (Al, son père et Janie, sa demi-sœur) récupèrent l'entier patrimoine du guitariste.

Dylan (Bob) **Le troubadour américain** eut une influence majeure sur Jimi Hendrix, qui le découvrit *via* son album *Highway 61 Revisited*. Hendrix fut alors très impressionné par le chant et l'écriture de Bob Dylan.

Electric Lady

Electric Lady est officiellement le premier studio entièrement dédié à un artiste rock… En 1968, passionné de technique puis de production, Jimi Hendrix désire ardemment poursuivre ses recherches dans un environnement équipé du dernier cri.

Véritable gouffre financier, Electric Lady n'apportera que des soucis au management de Jimi Hendrix… qui y enregistrera, malgré tout, ses dernières compositions.

Electric Ladyland*

Album de The Jimi Hendrix Experience paru en octobre 1968. Réédition CD en avril 1997.

… And the Gods Made Love – Have You Ever Been (To Electric Ladyland) – Crosstown Traffic – Voodoo Chile – Little Miss Strange – Long Hot Summer Night – Come On (Let the Good Times Roll) – Gypsy Eyes – Burning of the Midnight Lamp – Rainy Day, Dream Away – 1983… (A Merman I Should Turn to Be) –

Moon, Turn the Tides… Gently Gently Away – Still Raining, Still Dreaming – House Burning Down – All Along the Watchtower – Voodoo Child (Slight Return)

1968 est pour Jimi Hendrix le début d'un questionnement. Jusqu'à présent, le Jimi Hendrix Experience tourne bien, les stades se remplissent et les albums deux précédents se sont très bien vendus. Mais un doute s'installe au sein de la formation. Noel Redding, le bassiste, commence à envisager une carrière solo. Et Jimi Hendrix, qui était alors plutôt tourné vers la composition en studio et le jeu de scène, s'intéresse à la production. Sur *Electric Ladyland,* bien que Chas Chandler soit intervenu sur quelques titres, Hendrix est crédité producteur pour l'ensemble de l'album.

***Electric Ladyland* est aussi une tentative** de sortir du canevas classique du trio qui commençait à lasser Hendrix, aussi bien en concert qu'en studio. Son souhait était de travailler avec un nombre important de musiciens (sur la fin de sa carrière, il aura même le désir de jouer avec un orchestre ; l'arrangeur canadien Gil Evans tentera de le contacter dans ce sens), et ce double album présente un certain nombre d'invités, dont Stevie Winwood.

Premier et dernier double album de Jimi Hendrix, *Electric Ladyland* est une œuvre ambitieuse, qui souhaite embrasser l'ensemble de la carrière de l'artiste, depuis ses débuts jusqu'à ses plus récents projets sonores. Un couplage symbolise cette ambition : les deux versions de *Voodoo Chile*. La première *Voodoo Chile* est une jam blues présentant entre autres Stevie Winwood et Jack Cassidy en un long développement introspectif. Une sorte de retour aux sources pour Hendrix qui cherche ici à se remémorer son expérience du Chitlin Circuit. La seconde *Voodoo Child (Slight Return)* est une déflagration rock qui pose les bases d'une sorte de musique hybride de soul et de hard-rock, courant dont certains petits blancs du nord-est des États-Unis allaient plus tard reprendre les ingrédients, dans le cadre du grunge… « Well, I pick up all the pieces and make an island/Might even raise just a little sand », affirme-t-il dans *Voodoo Child*, sorte de manifeste de création, à une époque où il cherche des certitudes dans ce domaine. *Voodoo Child* résume à lui seul le formidable chemin qu'est en train de suivre Jimi Hendrix, à la fois tourné vers son passé de *sideman*, et ambitieux quant à ses projets musicaux. *Voodoo Child (Slight Return)* est d'ailleurs un morceau qui a inspiré tout un courant de la soul, de Isaac Hayes à Curtis Mayfield.

Electric Ladyland **est également un nouveau sommet** de la créativité de Jimi Hendrix, en particulier avec des compositions comme *Burning of the Midnight Lamp* – sans doute l'une de ses plus belles chansons – ou *Crosstown Traffic* – à classer dans les plus « efficaces ». Celui qui était peu à peu devenu un maître de la guitare et du riff, exprime ici son talent de compositeur, avec, à la clé, des chansons qui seront les pierres de taille de ses derniers concerts. *Electric Ladyland*, sans doute l'album le plus symbolique de son jeu de guitare (Electric Lady était le surnom de sa Stratocaster), sera un album difficile à imposer. Et cela, à cause du degré d'exigence atteint par Hendrix sur ses compositions et, plus prosaïquement, d'une pochette représentant des femmes nues, crime de lèse-pudeur en cette Amérique de 1968, qui débutait tout juste une émancipation des esprits…

Europe « [Jimi Hendrix] essayait de trouver sa place du côté sa ville natale, Seattle, mais ça n'allait pas… Il devait voir ailleurs… Mon vieux, quand il est parti pour l'Europe, il s'est trouvé avec des gens comme lui, c'était sa famille. J'étais content qu'il ait trouvé sa place. Et puis des tas de Blacks se sont mis à dire que c'était triste qu'il ait dû aller chez les Blancs pour y arriver, parce qu'ils le traitaient mal. Tout le monde répétait un peu partout : "Merde ! Je l'avais dans mon groupe." On voyait tous ces types sortir du placard : "Il bossait pour moi et je l'ai viré…" »

Bobby Womack

Extra-terrestre « Jimi était, comment dire, comme s'il n'était pas tout à fait humain… Il était comme cela aussi en privé. Il entrait quelque part et l'on pouvait sentir sa présence. Pour des tas d'autres grandes stars, quand on les rencontre, on voit qu'ils sont humains ; mais lui, c'était différent. »

Tommy Shannon,
bassiste de Johnny Winter

Festivals

Monterey inaugure la saison des grands festivals, période qui ne durera que quatre ans, mais qui demeure à jamais gravée dans l'histoire du rock. De Monterey à Wight, en passant par Woodstock ou des expériences plus pénibles comme Altamont (avec la mort violente d'un spectateur provoquée par des Hell's Angels), le rock se découvre dans de vastes espaces, à la campagne, devant des dizaines ou des centaines de milliers de spectateurs. L'ère du gigantisme du rock a commencé ici…

First Rays of the New Rising Sun*

Album posthume de Jimi Hendrix paru en avril 1997. Réédition CD.

Freedom – Izabella – Night Bird Flying – Angel – Room Full of Mirrors – Dolly Dagger – Ezy Ryder – Drifting – Beginnings – Stepping Stone – My Friend – Straight Ahead – Hey Baby (New Rising Sun) – Earth Blues – Astro Man – In from the Storm – Belly Button Window

À la mesure de l'événement de la réédition des albums que Jimi Hendrix avait sorti de son vivant, Experience Hendrix, la société créée par Al et Janie Hendrix, décide de faire appel à Eddie Kramer (ingénieur du son de Hendrix), John McDermott (musicologue) et George Marino (autre ingénieur du son) pour compiler et remastériser *First Rays of the New Rising Sun*, qui est la réédition historique et exacte de l'album sur lequel le chanteur travaillait à l'époque de son décès. Les chansons qui apparaissent ici étaient sorties, après sa mort, sur trois albums différents (*The Cry of Love* en 1971, *Rainbow Bridge* en 1971 et *War Heroes* en 1972). C'est la première fois qu'une entreprise de réédition est menée à cette échelle. Toutes les chansons présentées dans cet album ont été initialement enregistrées entre mars 1968 et août 1970.

Mélange de compositions violentes (*Freedom* : « You screamin' at my wife/Get off my back/If you wanna get out of here alive ») et d'évocations troublantes (*Belly Button Window* : « You know, they got pills/For ills and thrills and even spills »), *First Rays of the New Rising Sun* est le dernier cri d'un artiste pas vraiment en perdition, mais en état de doute. En cette période particulièrement chaotique (1969-1970), Jimi Hendrix se sépare de son Jimi Hendrix Experience, se brouille avec Noel Redding, et s'enfonce dans la drogue et l'alcool pour s'enfermer ensuite en studio, ne trouvant plus en concert de raisons de s'exprimer (en 1970, ses derniers concerts sont le plus souvent des sommets de prestations pathétiques).

Le premier véritable testament de Jimi Hendrix est troublant, à fleur de peau, humain. Trop humain. À l'image de *Angel*, qui sera interprété lors de ses obsèques, Hendrix s'est accompagné lui-même dans la mort à travers les paroles de ses dernières chansons, cherchant dans des compositions désenchantées un semblant de calme et de sérénité. *First Rays of the New Rising Sun* est un magnifique chant du cygne.

Funérailles

Jimi Hendrix fut enterré le 1ᵉʳ octobre 1970 au Greenwood Cemetary de Renton, près de Seattle. La cérémonie fut intime, uniquement réservée à la famille du guitariste. Le cercueil fut porté par six amis d'enfance de Jimi. Un concert d'adieu fut d'abord programmé au Sicks Stadium, puis annulé et transformé en jam session, réunissant ses amis musiciens les plus intimes.

Hammond (John Jr.)

Guitariste de blues américain. John Hammond Jr., fils de John Hammond – producteur et véritable découvreur de talents américains, de Billie Holiday à Aretha Franklin ou Bob Dylan et Bruce Springsteen – joue en 1965 avec Jimi Hendrix (qui s'appelait alors Jimmy James) et le fait entrer dans son groupe. Figure de la vie musicale new-yorkaise, Hammond restera (sans doute paradoxalement) fidèle au style country and blues qu'il a toujours affectionné, depuis qu'il en a eu la révélation quand il a découvert le blues du Delta…

Hendrix in the West

Album posthume live de Jimi Hendrix paru en janvier 1972.

Johnny B. Goode – Lover Man – Blue Suede Shoes – Voodoo Child (Slight Return) – God Save the Queen – Sergeant Pepper's Lonely Hearts Club Band – Little Wing – Red House

Sur scène, Jimi Hendrix avait ses reprises « obligées » : en particulier *Hey Joe* – bien sûr –, *Wild Thing, Like a Rolling Stones* et *Sergeant Pepper's,* qu'il interprète ici. Ce témoignage est intéressant car il recèle une fraîcheur et un dynamisme particulièrement efficaces. Un

document intéressant, celui du Jimi Hendrix revisitant
ses propres classiques…

Holly (Buddy) **L'une des toutes premières influences
du jeune Jimi Hendrix.** Buddy Holly,
mort tragiquement dans un accident d'avion à l'âge de
22 ans, est l'un des pionniers du rock and roll : il allait
sortir ce style musical de son cadre un peu rustre pour
l'embellir avec des mélodies et des arrangements travaillés. Perpétuel bricoleur, il a véritablement réinventé
le genre, pour le préparer à son basculement vers la
pop. Il eut une influence considérable sur une génération de songwriters, de Paul McCartney à John Fogerty.
À sa mort violente, le culte autour de ce personnage –
célèbre pour ses lunettes – s'est évidemment amplifié.
Outre Elvis Presley, on ne trouve pas de symbole plus
probant pour personnifier le rock and roll.

Influences   **Les influences de Jimi Hendrix sur le rock** sont évidemment innombrables, entre ses expérimentations sonores, ses concepts d'albums ou l'utilisation proprement hallucinante de sa guitare. On peut affirmer que Lenny Kravitz et Prince, dans leur jeu, se réclament directement du *Voodoo Child*. Mais l'influence de Jimi Hendrix s'étend également à la soul music (Hayes, Mayfield…) et au hard rock (Led Zeppelin, Deep Purple…).

Internet   **Vous retrouverez principalement Jimi Hendrix** sur le site officiel du guitariste, géré par Hendrix Experience : www.jimihendrix.com

Isle of Wight   Album posthume live de Jimi Hendrix paru en novembre 1971.

Midnight Lightin' – Foxy Lady – Lover Man – Freedom – All Along the Watchtower – In Front the Storm

La performance de Jimi Hendrix au festival de l'île de Wight (quelque 20 jours avant sa mort, fin août 1970) ne fut pas, loin s'en faut, inoubliable. Son groupe passa sur scène sur le coup de trois heures du matin, devant un public hagard, frileux et passif. Hendrix était lui-même malade et le groupe ne possédait pas la cohésion de la meilleure époque du Jimi Hendrix Experience. Résultat : un document « pour fans exclusivement ».

Isley Brothers

Trio vocal américain très célèbre dans les années 50 et 60. En 1964, les Isley Brothers créent leur propre label, T-Neck, d'où ils ne sortent qu'un 45 tours, *Testify, Part 1 & 2*, sur lequel Hendrix est à la guitare. Populaires avec la soul des années 60 (modèle Motown ou Stax), les Isley Brothers traverseront les vagues musicales durant les années 70 et 80, démontrant une prodigieuse longévité. Ils ont exercé une influence certaine sur tous les chanteurs noirs américains qui ont attiré des publics à la fois soul et rock, tels Michael Jackson, Stevie Wonder ou même Lionel Richie.

Jefferson Airplane

Groupe de rock américain né en 1965, et qui continue d'officier dans les années 70 sous différentes appellations. Le bassiste du groupe, Jack Casady, est connu pour avoir fréquenté Jimi Hendrix à la fin des années 60, alors que ce dernier préparait les maquettes de ce qui allait devenir son chef-d'œuvre : *Electric Ladyland*.

En matière de chef-d'œuvre, le groupe Jefferson Airplane sort le sien en 1967 : *Surrealistic Pillow,* qui comporte les tubes *Somebody to Love* et *White Rabbit*. On peut comparer l'attrait de cet album psychédélique produit par Jerry Garcia (Grateful Dead) à celui du *Sergeant Pepper's* des Beatles…

« Jimi Hendrix » (Soundtrack From)

Album posthume paru en juin 1973.

Rock me Baby – Wild Thing – Machine Gun – Johnny B. Goode – Hey Joe – Purple Haze – Like a Rolling Stone – Star Spangled Banner – Machine Gun – Hear my train a Comin' – Red House – In From the Storms

On attend encore la réédition en CD de la bande originale de cet excellent documentaire, qui fut le premier véritable film sur Jimi Hendrix et son évolution. Présentant des passages live et l'exploration des coulisses de ses concerts et de sa vie plus ou moins privée, le documentaire montre, sans complaisance ni voyeurisme, la situation au jour le jour d'un guitariste doué, devenu progressivement star. La sélection présentée ici est d'une remarquable cohésion.

Jimi Hendrix Concerts (The)

Album live et posthume de Jimi Hendrix paru en août 1982.

Fire – I Don't Live Today – Red House – Stone Free – Are You Experienced ? – Little Wing – Voodoo Child (Slight Return) – Bleeding Heart – Hey Joe – Wild Thing – Hear My train A Comin' (une réédition européenne de 1990 comporte *Getting my Heart Back Together Again* et *Foxy Lady* à la place de *Hear my Train a Comin'*)

Une trame classique d'un des innombrables concerts de Jimi Hendrix, avec l'introduction *Fire* et la conclusion *Wild Thing*, couplée ici avec le peu joué *Hear My Train a Comin'*.

Jimi Hendrix Experience (The)

Coffret posthume de 4 CD de *The Jimi Hendrix Experience* paru en 1999.

CD1 : Purple Haze – Killing Floor (live) – Hey Joe (live) – Foxey Lady – Highway Chile – Hey Joe – Title #3 – Third Stone From the Sun – Taking Care of no Business – Here He Comes

(Lover Man) – Burning of the Midnight Lamp – If Six Was Nine – Rock Me Baby – Like a Rolling Stone

CD2 : Sgt Pepper's Lonely Hearts Club Band – Burning the Midnight Lamp – Little Wing – Little Miss Lover – The Wind Cries Mary – Catfish Blues – Bold as Love – Sweet Angel – Fire (Live) – Somewhere – (Have You Ever Been To) Electric Ladyland – Gypsy Eyes – Room Full of Mirrors – Gloria – It's too Bad – Star Spangled Banner

CD3 : Stone Free – Spanish Castle Magic – Hear My train a Comin' – Room Full of Mirrors – I Don't Live Today (live) – Little Wing (live) – Red House (Live) – Purple Haze (live) – Voodoo Child (Slight Return) (live) – Izabella

CD4 : Message to Love – Earth Blues – Astro Man – Country Blues – Freedom – Johnny B. Goode – Lover Man – Blue Suede Shoes – Cherokee Mist – Come Down Hard on Me – Hey Baby/In From the Storm – Ezy Ryder – Night Bird Flying – All Along the Watchtower – In From the Storm – Slow Blues

Un coffret somptueux et exhaustif, qui rassemble 56 titres jamais publiés. Plus de quatre heures de musique inédite, avec bien sûr quelques faits d'armes en live, mais aussi des raretés enregistrées en studio. Le livret du coffret est somptueux : 80 pages de photos rares, des échantillons de notes de Jimi Hendrix, des détails intéressants sur les titres enregistrés. Quant à l'enregistrement, il a été supervisé par l'ingénieur du son Eddie Kramer. De plus, une vidéo de vingt-cinq minutes, présentée par Kramer lui-même, accompagne la réédition de ce coffret.

Jordan (Louis) **Le jeune Jimi Hendrix fut très influencé par ce chanteur** et chef d'orchestre américain qui connut une carrière considérable durant les années 40 à 50. Louis Jordan est progressivement passé des orchestres de swing de la côte Est américaine pour évoluer dans des ensembles de plus en plus sensibilisés au rhythm and blues puis au rock and roll. On le tient pour responsable de la naissance du jump and jive, une sorte de rock and roll avant l'heure, que Joe Jackson mettra en exergue dans son album *Jumpin' Jive* de 1981.

Kooper (Al) Claviériste américain, Al Kooper fait partie de cette génération d'artistes qui a tout connu et tout côtoyé à la fin des années 60… En l'espace d'une poignée d'année, il va participer à l'« électrification » du jeu de Bob Dylan, jouer au sein du Blues Projet, fonder Blood Sweat and Tears, « sessionner » chez les Stones et participer à l'essentiel *Electric Ladyland* de Jimi Hendrix. Bref, une présence assez monstrueuse qui en fait alors l'un des musiciens les plus demandés de la scène blues/rock. À partir des années 70 et durant les années 80, il deviendra essentiellement producteur et musicien de studio pour des artistes d'une certaine pointure (par exemple Bob Dylan pour son retour avec *Under the Red Sky* en 1990).

King (Albert) Chanteur et guitariste de blues et de soul américain (1923-1992), Albert King joue à de nombreuses reprises avec Jimi Hendrix au milieu des années 60, époque à laquelle King commence à rencontrer une célébrité certaine, grâce à sa signature chez le label de soul Stax. Les deux guitaristes s'entendent bien car, tous deux gauchers, ils ont l'habitude de s'exercer sur des instruments conçus pour des droitiers. Bluesman à ses débuts, Albert King a évolué ensuite vers un style soul plus marqué. Génie de la guitare, il maîtrise toutes les techniques, du bottleneck aux soli travaillés. Il a influencé toute une génération de guitaristes, de Stevie Ray Vaughan à Eric Clapton en passant par Robert Cray et, bien sûr, Jimi Hendrix.

Kiss The Sky

Album posthume de Jimi Hendrix paru en novembre 1984.

Are You Experienced ? – I Don't Live Today – Voodoo Child (Slight Return) – Stepping Stone – Castles Made of Sand – Killing Floor – Purple Haze – Red House – Crosstown Traffic – Third Stone From the Sun – All Along the Watchtower

À découvrir en complément :
Johnny B. Goode. Album posthume de Jimi Hendrix paru en juillet 1986.
Voodoo Chile – All Along the Watchtower – Star Spangled Banner – Johnny B. Goode – Machine Gun

Et :
Jimi Plays Monterey. Album live et posthume de Jimi Hendrix paru en septembre 1986.

Killing Floor – Foxy Lady – Like a Rolling Stone – Rock Me Baby – Hey Joe – Can You See Me – The Wind Cries Mary – Purple Haze – Wild Thing

L'intérêt essentiel du Monterey Pop Festival est d'être le premier grand concert américain du Jimi Hendrix Experience, en juin 1967. Lors de ce festival, Hendrix allait véritablement voler la vedette à tout le monde, livrant une interprétation sauvage et débridée de ses propres classiques, comme de reprises bien senties

(*Like a Rolling Stones, Wild Thing*, etc.). Ce fut D.A. Pennebaker qui eut l'honneur de tourner le documentaire du festival, s'attachant à retracer la genèse d'un festival type, l'un de ceux qui allaient révolutionner la pop dès la fin des années 60.

Monterey allait représenter pour Jimi Hendrix le début d'une revanche sur son propre pays, lui qui avait dû aller chercher en Angleterre le succès et la reconnaissance. À la fin de ce concert, alors qu'il enflamme sa guitare sur *Wild Thing* (rituel qu'il a déjà réservé à une interprétation de *Purple Haze*), on sent que le public, comme les artistes sur scène, est subjugué et submergé par une immense tension. *Wild Thing*, dans cette version de 6 minutes 30, demeure un morceau d'anthologie, pétri de fureur et de violence : un témoignage unique d'un guitariste d'exception pris dans la folie de son jeu. En complément du concert de Monterey, les deux albums Kiss the Sky et Johnny B. Goode offrent une vision complémentaire du jeu du guitariste.

Little Richard

De son vrai nom **Richard Penniman**, il a été l'un des rares chanteurs noirs pionniers du rock and roll à avoir été adopté par un large public, au même titre que Chuck Berry ou Bo Diddley. Auteur de certains classiques, comme *Lucille, Tutti Frutti* ou *Long Tall Sally*, Little Richard a apporté au rock une fraîcheur et un allant indéniables, qui a inspiré les débuts de carrière des Beatles et des Rolling Stones. Au milieu des années 60, Littke Richard engage un jeune guitariste qui se fait appeler Maurice James, et qui n'est autre que le futur Jimi Hendrix. Il sera présent sur l'enregistrement de *Whole Lotta Shakin'* (pour le label Vee-Jay).

Live at the Fillmore East*

Album posthume de Jimi Hendrix paru en 1999.

CD1 : Stone Free – Power of Soul – Hear my Train a Comin' – Izabella – Machine Gun – Voodoo Child (Slight Return) – We Gotta Live Together
CD2 : Auld Lang Syne – Who Knows – Changes – Machine Gun – Stepping Stone – Stop – Earth Blues – Burning Desire – Wild Thing

Un complément idéal au live *Band of Gypsys*, puisqu'on retrouve sur cet album incendiaire toute la sève soul et funk qui pouvait se déverser de la guitare de Jimi Hendrix. La soirée du 31 décembre 1969 et celle du 1er janvier 1970 sont ici parfaitement rendues. Versions hautes en couleur de *Voodoo Child (Slight Return)*, *Machine Gun* (deux versions) et *Stone Free*.

Live at Winterland

Album live et posthume de Jimi Hendrix paru en 1988.

Prologue – Fire – Manic Depression – The Sunshine of Your Love – Spanish Castle Magic – Red House – Killing Floor – Tax Free – Foxy Lady – Hey Joe – Purple Haze – Wild Thing – Epilogue

Les principaux lives de Jimi Hendrix, officiellement publiés, ont été *Monterey*, *Winterland*, *Woodstock* et *Wight*. Si *Monterey* et *Woodstock*, contrairement à *Wight*, présentent un intérêt évident, *Winterland* demeure un témoignage intéressant, réédité avec soin en 1988. Nous avons ici affaire à l'un des concerts classiques de Jimi Hendrix, avec les faits d'armes habituels que sont *Fire*, *Red House*, *Hey Joe* et le final *Purple Haze/Wild Thing*. Un concert mené à cent à l'heure, à une époque où il enchaînait sans relâche les prestations scéniques comme une sorte de fuite en avant.

Livre

Nous vous conseillons la lecture, en anglais, de l'ouvrage très documenté de Caesar Glebbeek et Harry Shapiro, *Electric Gypsy* (Mandarin, Londres).

Loose Ends

Album posthume de Jimi Hendrix paru en février 1974.

Coming Down Hard on me Baby – Blue Suede Shoes – Jam 292 – The Stars that Play with Laughing Sam's Dice – Drifter's Escape – Burning Desire – I'm Your Hoochie Coochie Man – Electric Ladyland

À découvrir en complément :

Crash Landing. Album posthume de Jimi Hendrix paru en août 1975.

Message to Love – Somewhere Over the Rainbow – Crash Landing – Coming Down Hard on Me Baby – Peace in Mississippi – With the Power – Stone Free – MLK

Et :

Midnight Lightning. Album posthume de Jimi Hendrix paru en novembre 1975.

Trashman – Midnight Lightning – Hear my Train a Comin' – Gypsy Boy (New Rising Sun) – Blue Suede Shoes – Machine Gun – Once I Had a Woman – Beginnings

Rééditions, suite. Plus que jamais Alan Douglas se déchaîne sur ces recueils assez inégaux qui offrent inédits, curiosités et relectures. Si *Crash Landing* présente un intérêt supérieur aux deux autres albums (*Loose Ends* et *Midnigh Ligthning*), ces témoignages sont passionnants pour décortiquer la genèse du génie que fut Jimi Hendrix.

Love Ce génial groupe californien de la fin des années 60 est l'émanation de Arthur Lee, que Hendrix rencontra à plusieurs reprises. Malgré un nom plutôt paisible, Love est un groupe dynamique et parfois rageur, qui n'hésite pas à explorer des sons nouveaux pour un message qui passe malheureusement assez mal : le groupe n'a jamais rencontré le succès. En 1992, Arthur Lee fait un timide come-back pour un album très abouti mais, à terme, uniquement réservé aux collectionneurs.

McLaughlin (John) Guitariste britannique de jazz et jazz-rock, McLaughlin, d'abord issu du blues boom anglais (Jack Bruce, Ginger Baker, Alexis Korner…), collabore ensuite avec Miles Davis sur ses deux albums jazz-rock *In a Silent Way* et *Bitches Brew*. S'il a côtoyé Jimi Hendrix à la fin des années 60, il joue surtout avec la section rythmique de Band of Gypsys (Billy Cox, basse et Buddy Miles à la batterie), notamment pour son album rock, *Devotion* (1970).

Le jeu de McLaughlin sera bien entendu marqué par celui de Jimi Hendrix, mais à la différence du guitariste métis, dont le jeu était fortement teinté de blues (même dans ses expériences psychédéliques extrêmes), celui de McLaughlin cherchera à faire table rase de toute référence, en inventant littéralement un nouveau langage. C'est en ce sens que son jazz-rock s'épanouira dans le courant des années 70 (avec, par exemple, sa formation Mahavishnu Orchestra), pour le meilleur et, parfois, pour le pire…

Miles (Buddy) Le batteur américain Buddy Miles est essentiellement connu pour sa participation au sein de l'éphémère groupe Band of Gypsys, trio emmené par Jimi Hendrix et le bassiste Billy Cox, qui ne dura qu'un an et pour un album live, *Band of Gypsys*. Pourtant, Buddy Miles a joué un rôle non négligeable dans des courants aussi divers que le rock, le jazz ou le funk. Il a en particulier participé au projet The Electric Flag de Mike Bloomfield, avant, dans les années 70, de former son propre groupe : le Buddy Miles Band, entraînant Billy Cox dans son sillage.

La suite de sa carrière est quelque peu chaotique, à la fois discographique (divers albums de percussion et de soul dans les années 70 et une participation au groupe de Santana) et… pénitentiaire, puisqu'il fit deux séjours en prison, en 1978 puis en 1983. Depuis, il a remis sur pied un trio, Hardware.

« **Buddy Miles est le superblack.** Si on mélangeait James Brown, Arthur Conley et Oris Redding pour faire un énorme black, ça donnerait Buddy… Il est la quintessence de tout le rhythm and blues ramassé en une seule personne au talent énorme. Il chante merveilleusement bien et à la batterie, c'est le meilleur. C'est vraiment un superman. »
Mike Bloomfield

Mitchell (Mitch) **Batteur du Jimi Hendrix Experience** (en compagnie de Noel Redding à la basse et de Jimi Hendrix pour le chant et la guitare).

Mitchell, suite à une rencontre avec le manager de Jimi Hendrix, Chas Chandler (et ex-Animals) en novembre 1966, rejoint le Jimi Hendrix Experience. Son concours fut essentiel dans la définition du son du trio.

La légende affirme que les auditions pour le poste de batteur du Jimi Hendrix Experience s'achevèrent avec la « qualification » de Mitchell et d'un autre batteur talentueux, Ansley Dunbar.

Certains affirment alors qu'on procéda à un tirage au sort avec une pièce de monnaie. C'est Mitchell qui gagna l'épreuve ! Au grand détriment de Chandler qui lui préférait Dunbar… On a souvent loué le jeu très « jazz » de Mitchell, qui ne se contentait pas d'accompagner Hendrix avec un jeu binaire, caractéristique du rock.

Après la dissolution du Jimi Hendrix Experience puis du Band of Gypsys, Mitchell retrouvera brièvement Hendrix et le bassiste Billy Cox afin de reformer une mouture du Jimi Hendrix Experience, qui fut rebaptisée Cry of Love, et qui s'attela à préparer l'enregistrement du quatrième album d'Hendrix (non paru de son vivant) : *First Rays of the New Rising Sun.*

Mort mystérieuse

Après la mort de Jimi Hendrix, plusieurs tentatives d'explications vont être fournies : accident, suicide ou meurtre…

Si la cause officielle de sa mort demeure un décès accidentel lié à l'absorption de somnifères, plusieurs questions troublantes subsistent (voir « les derniers jours de Hendrix » dans la chronologie se situant à la fin du Guide).

Pourquoi, lors du transport en ambulance de Jimi Hendrix, sa tête ne fut-elle pas soutenue par un appui-tête, alors que des traces de vomi sur sa bouche et son nez, causes manifestes d'un étouffement, étaient évidentes ?

Pourquoi son amie Monika Dannemann a-t-elle attendu vingt minutes avant d'appeler une ambulance, même si elle avait de forts doutes sur l'état de Jimi Hendrix ? Était-il vivant à ce moment ?

Quels ont été les mystérieux « amis » que Jimi Hendrix a rencontrés la veille de sa mort, entre deux et trois heures du matin ? A-t-il, à cette occasion, fumé plus qu'un peu d'« herbe » (selon la version de Monika) ? A-t-il réellement pris quelques acides durant cette nuit ?, comme le prétend Noel Redding.

Comment Hendrix a-t-il pu s'étouffer avec uniquement un repas léger pris la veille et un sandwich au thon mangé la nuit ? Qu'a-t-il pu absorber de plus durant cette nuit du 17 au 18 ?

Selon certains proches, Hendrix désirait échapper à ses problèmes de gestion en « quittant » provisoirement le monde réel par l'absorption de somnifères. Était-ce, pour lui, une solution de prendre neuf comprimés de Vesperax, alors que, selon Monika, il était parfaitement conscient du danger que présentait un excès de ce somnifère ?

Il a été prouvé que la dépression nerveuse de Billy Cox, qui s'est déclarée peu de jours avant la mort de Jimi Hendrix, était en fait une violente crise de paranoïa. Quelle en était la raison ? Contre qui cette paranoïa se manifestait-elle ? Plus tard, Billy Cox déclara qu'il était évident qu'« on » cherchait à supprimer Jimi Hendrix…

Pourquoi, peu de temps après sa mort, tous les appartements que Jimi Hendrix possédait à Londres ont-ils été « visités » et pourquoi tout le matériel qui s'y trouvait (vêtements, instruments…) a-t-il été dérobé ?

Hendrix désirait être inhumé à Londres. Pourquoi fut-il emmené promptement à Seattle pour y être enterré ? Peut-on considérer qu'un procès aurait dû être intenté à cette occasion, à Londres, avec ouverture d'une instruction et décision d'exhumation du corps ?

Pour conclure, doit-on aller jusqu'à partager l'opinion d'Ed Chalpin, l'ancien manager de Jimi Hendrix qui déclarait : « Il y a tellement de circonstances mystérieuses autour de la mort de Hendrix qu'il me paraîtrait naturel qu'il se soit fait assassiner » ?

Musicien

« **Hendrix était un musicien naturel absolument incroyable…** Il n'aurait pas su nommer les formes musicales très complexes qu'il inventait, mais il n'en avait pas besoin – c'est bon pour les théoriciens… Il n'avait pas de formation classique ou autre, et pourtant il avait le talent d'un Stravinsky ou d'un Berg. »
Larry Coryell

« **Hendrix ignorait tout de la musique modale.** C'était juste un musicien naturel, il n'avait pas fait d'études, il n'était pas sur un quelconque marché, pas plus que je ne le suis. »
Miles Davis

« **La tentative du jazz pour incorporer Hendrix** – et j'y inclurais Miles Davis, pour moi le plus grand musicien du siècle – était et reste une erreur, quelque chose de foutrement embarrassant… Cela a tendance à me rappeler tout un paquet de Coryell et de McLaughlin en train de penser : "Avec ma parfaite connaissance du jazz, il suffit que je tourne le bouton du volume avec plein de feed-back, et je laisse Hendrix sur place." Au bout du compte, l'impact que Hendrix a eu sur le jazz a été passablement désastreux. On a vu Miles embaucher tous ces guitaristes hard rock et psychédéliques, et pour moi, dans l'ensemble, ça ne marche pas. »

Robert Wyatt

Nine to the Universe

Album posthume de Jimi Hendrix paru en juin 1980.

Nine to the Universe – Jimi-Jimmy Jam – Young-Hendrix – Easy Blues – Drone Blues

Un album dont on peut douter que la réédition soit nécessaire… Comme toujours lorsqu'il s'agit des œuvres post-mortem de Jimi Hendrix, on trouve un peu de tout, parfois de n'importe quoi, sur ces enregistrements par moments très approximatifs. *Nine to the Universe* présente cependant l'un des aspects essentiels de Hendrix : son itinéraire avec le blues. Car Hendrix était avant tout un excellent joueur de blues, comme en témoignent certains passages de ce disque, un peu décousu cependant. On réservera ce *Nine to the Universe* aux fans enragés…

Noir c'est noir

« **Jimi était le guitariste le plus noir** que j'aie jamais entendu. Sa musique était profondément enracinée dans les formes musicales pré-blues, comme les chants de plantations et les mélodies du gospel. Pour autant que je m'en souvienne, il avait assimilé tous les genres de musique noire, mais il aimait particulièrement les plus anciennes, et cela se sentait dans son style... Ses textes et ses fringues étaient peut-être blancs comme neige, mais Jimi était aussi noir qu'on peut l'être... »

Mike Bloomfield

Psychédélisme

1967 et 1968 auront été les années folles des expérimentations psychédéliques, avec Jimi Hendrix, les Beatles *(Sergeant Pepper's…)*, les Seeds, Pink Floyd et même les Stones, avec *Their Satanic Majesties Request*. Acides, herbes et autres substances illicites permettent alors aux artistes d'ouvrir leur esprit créatif… avant de voir bon nombre d'entre eux s'effondrer dans les années 70, à l'image d'un Syd Barrett (Pink Floyd) aux capacités intellectuelles complètement annihilées par le LSD.

Radio One*

Album posthume de The Jimi Hendrix Experience paru en 1989.

Stone Free – Radio One Theme – Day Tripper – Killing Floor – Love or Confusion – Drivin' South – Catfish Blues – Wait Until Tomorrow – Hear my Train a Comin' – Hound Dog – Fire – Hoochie Koochie Man – Purple Haze – Spanish Castle Magic – Hey Joe - Foxy Lady – Burning of the Midnight Lamp

Entre les enregistrements de *Are You Experienced?*, *Axis : Bold as Love* et diverses participations à des festivals, le Jimi Hendrix Experience a le temps de poser ses bagages à la BBC. Voici une série de sessions datant de 1967, qui n'ont rien perdu de leur fraîcheur et de leur urgence. Des reprises (les Beatles, Elvis Presley), mais aussi des versions « habitées » de quelques classiques (*Stone Free, Purple Haze, Wait Until Tomorrow…*).

Rainbow Bridge

Bande originale du film du même nom, réalisé en

juin 1970. Album posthume de Jimi Hendrix paru en novembre 1971.

Dolly Dagger – Earth Blues – Pali Gap – Room Full of Mirrors – Star Spangled Banner – Look over Yonder – Hear my Train a Comin' – Hey Baby (New Rising Sun)

Enregistré trop rapidement, à l'image de la réalisation du film (Hendrix emmena son groupe à Hawaii pour tourner dans cette œuvre « expérimentale » quelque peu fumeuse…), *Rainbow Bridge* ne présente qu'un intérêt limité. La plupart des titres présents ici se retrouvent dans des versions très acceptables ailleurs.

Redding (Noel)

Bassiste du trio Jimi Hendrix Experience (en compagnie de Jimi Hendrix et de Mitch Mitchell).

C'est avec cet artiste que Jimi Hendrix a sans doute développé son meilleur jeu, sur trois albums (*Are You Experienced?, Axis : Bold as Love* et *Electric Ladyland*) qui furent parmi les plus inspirés de son existence. Outre son expérience au sein du Jimi Hendrix Experience, Noel Redding a également monté une excellente formation, Fat Mattress, qui a publié deux albums. C'est suite à de sérieuses frictions entre Hendrix et Redding (le bassiste reprochait à Hendrix de lui dicter note pour note son jeu de basse…) que l'aventure du Jimi Hendrix Experience a connu un terme.

Après Fat Mattress, Redding a créé Road, un trio orienté heavy metal, qui s'est dissous au début des années 70. Pour finir, il relance une aventure discographique en

1975 avec The Noel Redding Band, et deux albums, jusqu'en 1976, date terminale des activités musicales de Redding.

Noel Redding s'est ensuite retiré dans un village irlandais, où il continue de donner de ses nouvelles de temps en temps…

Singles Album *(The)*

Album posthume de Jimi Hendrix paru en février 1983.

Hey Joe – Stone Free – Purple Haze – 51st Anniversary – The Wind Cries Mary – Highway Chile – Burning of the Midnight Lamp – The Stars That Play With Laughing Sam's Dice – All Along the Watchtower – Long Hot Summer Night – Crosstown Traffic – Fire – Voodoo Child (Slight Return) – Angel – Night Bird Flying – Gypsy Eyes – Remember – Johnny B. Goode – Little Wing – Foxy Lady – Manic Depression – Third Stone From The Sun – Gloria

The *Singles album* regroupe tous les « tubes » pour les fans, mais surtout pour ceux que rebute l'exploration des albums de Jimi Hendrix. Un passage obligé pour qui désire se familiariser à l'efficacité du guitariste et à son sens de la composition. Mais également une passerelle vers la nécessaire exploration de ses albums...

Smash Hits

Album de Jimi Hendrix paru en avril 1968 (Europe) et juillet 1969 (États-Unis).

Europe : *Purple Haze – Fire – The Wind Cries Mary – Can You*

*See Me – 51st Anniversary – Hey Joe – Stone Free – The Stars
That Plays Laughing Sam's Dice – Manic Depression – High-
way Chile – Burning Of The Midnight Lamp – Foxy Lady*
États-Unis : *Purple Haze – Fire – The Wind Cries Mary – Can
You See Me – Hey Joe – Stone Free – Manic Depression – Foxy
Lady – Crosstown Traffic – All Along the Watchtower – Red
House – Remember – 51st Anniversary – Highway Chile*

Première compilation d'importance consacrée au
« Voodoo Child », *Smash Hits* est d'une facture classique : tous les tubes de la star de Seattle sont là. L'intérêt de la version américaine est de receler l'indispen-
sable *All Along the Watchtower* (pourquoi cette absence
inexpliquée sur la version européenne ?). Au début des
années 70, cette compilation allait appeler une suite
moins intéressante. *Smash Hits* fut à l'époque un très
grand succès des deux côtés de l'Atlantique.

South Saturn Delta*

Album posthume
de Jimi Hendrix
paru en 1997.

Midnight Lightning

*Look Over Yonder – Little Wing –
Here He Comes (Lover Man) –
South Saturn Delta – Power of
Soul – Message to the Universe
(Message To Love) – Tax Free – All
Along the Watchtower – The
Stars that Play With Laughing
Sam's Dice – Midnight – Sweet
Angel (Angel) – Bleeding Heart –
Pali Gap – Drifter's Escape –*

Cet album présente des versions alternatives, pour la plupart inédites, que l'on réservera évidemment aux collectionneurs acharnés. La seule vraie curiosité de l'album est ce *South Saturn Delta* que le guitariste interprète en compagnie d'une section de cuivres. Une pépite, dans le contexte de cet album un peu bâclé dans sa réalisation.

Stratocaster

Si Gibson était la marque préférée de bon nombre de guitaristes rock, Hendrix adopte rapidement et définitivement la Stratocaster de Fender. Cette guitare fait son apparition en 1954. Hendrix en utilise plus d'une centaine durant sa courte carrière. Bon nombre d'entre elles passeront entre différentes mains, dont celles de Al Kooper, Frank Zappa et Billy Gibbons de ZZ Top. À l'origine, la Stratocaster fut conçue pour remplacer la vétuste – mais non moins unique – Telecaster.

Thomas (Carla) **Il s'agit d'une des chanteuses soul les plus connues des années 60.** Elle ne plaça pas moins de vingt-quatre chansons dans les hit-parades américains au cours de cette décennie…

Jimi Hendrix l'accompagna à la guitare pour quelques prestations, au milieu des années 60, à l'époque où elle rencontrait un nouveau succès avec le titre *B-A-B-Y*. Elle a représenté la quintessence du soul pour le label Stax. Seule rivale à son époque : la grande Aretha Franklin.

Troggs (The) **Ce groupe, inspiré par le fantasque chanteur anglais Reg Presley,** a débuté sa carrière par un 45 tours essentiel et définitif aux oreilles de nombreux fans de rock : *Wild Thing*. Ce titre fut repris par Hendrix dans ses concerts. Il en livra une version d'anthologie au festival de Monterey, brûlant sa guitare à la fin de son interprétation…

Les Troggs étaient le pendant « prolo » du rock britannique qui allait envahir les États-Unis à la fin des années 60, en quelque sorte les anti-Kinks (qui étaient plus fins, intellos et précieux). Ils furent punks avant l'heure, précurseurs, par leur esprit, d'Iggy Pop et des Stooges, puis des Sex Pistols.

Tucker (Tommy) **Chanteur noir américain** pour lequel Jimi Hendrix a effectué quelques accompagnements au milieu des années 60. En 1964, Tucker a rencontré un succès très important avec sa chanson *Hi-Heel Sneakers*, lançant tout le courant du blues boom (aux États-Unis puis en Angleterre). Ensuite, sa carrière déclinera lentement. Il meurt en 1982.

Turner (Joe) **Au même titre qu'un Louis Jordan,** « Big » Joe Turner est un chanteur qui a effectué la « bascule » entre le jazz et le rhythm and blues puis le rock and roll avec une facilité déconcertante. On estime que, avant même Elvis Presley ou encore Bill Haley, c'est lui qui inventa les prémices du rock. Il eut une influence considérable sur le jeune Jimi Hendrix. Joe Turner débute sa carrière dans sa ville natale, Kansas City, pour ensuite s'exiler à New York. Parrainé par John Hammond, il se lance dans des concerts de boogie-woogie qui rencontrent un vrai succès. Dans les années 40, il partage ses activités entre les orchestres de Duke Ellington et des enregistrements de rhythm and blues. Dans les années 50, au sommet de sa carrière, il signe avec Ahmet Ertegun (Atlantic) et peut suivre une carrière consacrée au rhythm and blues et au rock and roll. Tout en conservant sa puissance créative et musicale, Joe Turner devient cependant plus discret à partir des années 60.

Ultimate Experience *(The)* *

Compilation posthume de Jimi Hendrix paru en 1992.

All Along the Watchtower – Purple Haze – Hey Joe – The Wind Cries Mary – Angel – Voodoo Chile (Slight Return) – Foxy Lady – Burning of the Midnight Lamp – Highway Chile – Crosstown Traffic – Castles Made of Sand – Long Hot Summer Night – Red House – Manic Depression – Gypsy Eyes – Little Wing – Fire – Wait Until Tomorrow – The Star Spangled Banner (live) *– Wild Thing* (live)

Bien sûr, un nombre impressionnant de compilations ont été éditées depuis la mort de Jimi Hendrix. Pourtant, celle-ci présente un double avantage.

D'abord, la sélection dévoile un portrait assez juste et varié du talent du guitariste. La sélection est très bien équilibrée, avec en particulier les deux passages live les plus représentatifs de Hendrix : le *Star Spangled Banner* de Woodstock et le *Wild Thing* du festival de Monterey.

Ensuite, le livret accompagnant le CD est une remarquable introduction au génie de Jimi Hendrix, détaillant sa vie et quelques-unes de ses œuvres essentielles. Cette très bonne compilation permettra aux néophytes de s'ouvrir à l'excellence « hendrixienne ».

Vidéos

Les principales vidéos disponibles sur la vie de Jimi Hendrix sont :

- *Jimi Plays Berkeley* – Peter Pilafian (1971) – BMG Video
- *Rainbow Bridge* – Chuck Wein (1971) – Hendring
- *A Film About Jimi Hendrix* – Joe Boyd (1973) – Warner Home Video
- *Johnny B. Goode* – Alan Douglas (1985) – Virgin Video
- *Experience* – Peter Neal (1987) – BMG Video
- *Jimi Plays Monterey* – D.A. Pennebaker (1987) – Douglas Music Films
- *Jimi Hendrix at the Isle of Wight* – Murray Lerner (1991) – BMG Video
- *Jimi Hendrix at the Atlanta Pop Festival* – Jean Pellerin/Jonathan Seay (1992) – Douglas Music Films
- *Jimi Hendrix at Woodstock* – Chris Hedgedus/Erez Laufer (1992) – Douglas Music Films

Voodoo Child*

Compilation posthume de Jimi Hendrix parue en 1999.

CD1 (studio) : *Purple Haze – Hey Joe – The Wind Cries Mary – Fire – Highway Chile – Are You Experienced ? – Burning of the Midnight Lamp – Little Wing – All Along the Watchtower – Crostown Traffic – Voodoo Child (Slight Return) – Spanish*

Castle Magic – Stone Free – Izabella – Stepping Stone – Angel – Dolly Dagger – Hey Baby (New Rising Sun) • **CD2 (live) :** *Fire – Hey Joe – I Don't Live Today – Hear my Train a Comin' – Foxey Lady – Machine Gun – Johnny B. Goode – Red House – Freedom – Purple Haze – Star Spangled Banner – Wild Thing*

La compilation après les inédits. Avec les ayant droits de Jimi Hendrix, on joue un peu au chat et à la souris : « Je te balance des inédits et ensuite, je ressors une compilation en reprenant certains de ces inédits… et puis d'autres. » C'est le cas de cette compilation qui, dans sa partie studio, récupère quelques inédits « lâchés » par MCA en 1997, et dans sa partie live (la plus intéressante) refait le point avec du connu et quelques raretés. Comme toujours : pour les fans.

Voodoo Soup

Album posthume de Jimi Hendrix paru en 1995.

The New Rising Sun – Belly Button Window – Stepping Stone – Freedom – Angel – Room Full of Mirrors – Midnight Lightning – Night Bird Flying – Drifting – Ezy Ryder – Pali Gap – Message to Love – Peace in Mississippi – In From the Storm

Ultime travail de dépoussiérage d'Alan Douglas, *Voodoo Soup* présente un nouveau visage de Jimi Hendrix, sans doute plus « roots » (racines) et attaché à un certain patrimoine, à l'image de *Blues*, édité l'année précédente. Si cet album présente un intérêt historique, il reste évidemment à se poser la question de savoir si la série des éditions d'Alan Douglas et d'autres producteurs a réellement autant de mérite que les éditions des albums originaux…

War Heroes

Album posthume de Jimi Hendrix paru en octobre 1972.

Bleeding Heart – Highway Chile – Tax Free – Peter Gunn Catastrophe – Stepping Stone – Midnight – Three Little Bears – Beginning – Izabella

War Heroes est le troisième ouvrage, après *Cry of Love* et *Rainbow Bridge*, qu'Alan Douglas retravaille avec des musiciens (en particulier la section rythmique). Si plusieurs spécialistes ont crié à l'époque au scandale, force est de reconnaître que ce re-toilettage s'avère passionnant, avec des versions définitives et splendides de *Izabella* (ne pas négliger cependant la version live de Woodstock), *Stepping Stone* et *Tax Free*. On nous livre là un son studio en or, contrairement aux nombreuses et pathétiques « chutes » de studio (enregistrements non retenus) qui nourriront d'innombrables sorties, comme *bootlegs* par exemple.

Winwood (Steve)

Ce chanteur, claviériste et guitariste anglais est l'une des figures marquantes du rock blues anglais de la fin des années 60, au sein de formations comme le Spencer Davis Groupe, Traffic ou Blind Faith (avec Eric Clapton).

Après une certaine éclipse durant les années 70, Steve Winwood connaît une nouvelle et intéressante carrière au début des années 80, avec plusieurs albums aux tonalités FM dont *Arc of a Diver* et *Back in the High Life*. Steve Winwood a joué avec Jimi Hendrix à la fin des années 60, notamment sur des maquettes de *Electric Ladyland*.

Woodstock *

Album live et posthume de Jimi Hendrix paru en 1994.

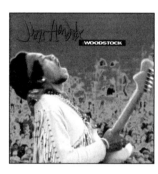

Introduction – Fire – Izabella – Hear my Train a Comin' (Get my Heart Back Together) – Red House – Jam Back at the House (Beginnings) – Voodoo Child (Slight Return – Stepping Stone) – The Star Spangled Banner – Purple Haze – Woodstock Improvisation – Villanova Junction – Farewell

Il était temps ! Enfin gravé sur CD, le mythique passage de Jimi Hendrix au festival de Woodstock nous donne l'occasion de revenir sur cette prestation extraordinaire de l'artiste, la dernière dans un grand festival. Pour l'occasion, Hendrix est entouré non du Jimi Hendrix Experience ni du Band of Gypsys, mais d'un groupe hybride, composé des membres des deux formations : outre le maître, on trouve Larry Lee à la guitare, Billy Cox à la basse, Mitch Mitchell à la batterie, ainsi que Juma Sultan et Jerry Velez aux percussions. Le groupe s'intitule pour l'occasion Gypsy Sun & Rainbows.

Que relever de ce live incendiaire? Tout d'abord, et bien sûr, l'interprétation très personnelle et légendaire de l'hymne américain *Star Splangled Banner*. Hendrix explique lui-même qu'il n'a vu aucune malice dans cette interprétation. Il cherchait simplement, à sa manière, à rappeler le message de paix et d'unité de Woodstock en pleine guerre du Viêt-Nam (lors du week-end de Woodstock, plus de 350 soldats américains engagés dans le conflit sont morts). Ensuite, des interprétations très engagées des classiques *Purple Haze, Voodoo Child* et *Fire* font de Jimi Hendrix un des héros évidents de Woodstock. Et puis des curiosités comme ce *Jam Back at the House*, co-écrit avec Mitch Mitchell, qui présente un solo endiablé de ce batteur, et *Izabella,* un titre récent de Hendrix au moment de Woodstock.

On peut affirmer que Woodstock sera le dernier témoignage probant de la virtuosité instrumentale de l'artiste (la prestation offerte à Wight semble pathétique à côté de ce festival). Cet enregistrement augure surtout d'une pleine maturité artistique de Jimi Hendrix, alors qu'il traversait une année 1969 assez difficile…

Yardbirds (The) Cette formation de rhythm and blues britannique connut une existence assez brève (1963-1968), mais surtout le passage en son sein de trois guitaristes d'exception : Jimmy Page, Eric Clapton et Jeff Beck. C'est avec Jeff Beck que le groupe va s'envoler vers des expérimentations qui ont beaucoup impressionné Hendrix, en particulier l'utilisation de la distorsion à la guitare. Avec l'arrivée de Page, la formation va quelque peu perdre de son aura. Il sera temps pour Beck de se tourner vers un nouveau cheval de bataille : Led Zeppelin.

MORCEAUX CHOISIS

Nous avons sélectionné pour vous les extraits les plus marquants d'interviews de Jimi Hendrix et de certains de ses proches. Vous pouvez découvrir des portraits croisés du chanteur faits par quelques témoins de son époque.

« Si vous voulez sauver le monde, vous devez d'abord rassembler vos esprits. »

« Vous devez oublier ce que les autres gens disent, que vous êtes censé mourir, que vous êtes censé aimer. Vous devez oublier ces choses-là. Il faut être fou. La folie est le paradis. »

« La musique me fait perdre la tête sur scène. C'est un peu comme si j'en étais accro. »

« La musique est la chose la plus importante. Je pense au futur. Il faut quelque chose de neuf, et je veux en faire partie. Je veux diriger un orchestre d'excellents musiciens. Je veux jouer une musique qui dessine le monde et l'espace alentour. La musique ne ment pas. Si quelque chose peut être changé dans ce monde, c'est à travers la musique. »

« Parfois vous voulez abandonner la guitare, vous la haïssez… Mais si vous vous accrochez, vous serez fatalement récompensé. »

« Si je suis libre, c'est parce que je cours tout le temps. »

« La fois où j'ai brûlé ma guitare, c'était comme un sacrifice. On sacrifie les choses que l'on aime, et j'aime ma guitare. »

« Quand je mourrai, continuez à passer mes disques. »

« Je vais vous jeter un sort et tous vos enfants naîtront complètement nus. »

« Je regrette qu'ils n'aient pas eu de guitares électriques au temps des champs de coton. Cela aurait arrangé beaucoup de choses. »

« Depuis que je suis en Europe, j'ai rencontré des centaines de personnes qui me laissent parler de ce que je veux. Tout le monde me demande quel âge j'ai, si c'est vrai que j'ai du sang indien, combien de femmes j'ai eu, si je suis marié ou si j'ai une Rolls… Les gens qui me comprennent ne veulent pas de ce genre de choses. Ils veulent quelque chose d'autre, de vrai : la rébellion, la révolution. »

« Il y a deux sortes de musiques, la bonne et la mauvaise. »

« Je pense que les pop stars ont droit à une vie privée. Les gens devraient les juger sur ce qu'ils font sur scène. Le reste ne concerne qu'eux. Vous ne pouvez pas demander à un artiste d'être un bon gars tout le temps, et si un gamin fait quelque chose de mal parce qu'une idole pop l'a fait, je pense qu'il l'aurait fait tout seul de toute façon. »

« Nous avancerons. C'est fatigant de toujours faire la même chose, d'arriver et de dire : "Nous allons jouer telle chanson" et : "Maintenant nous allons jouer celle-là". Les gens nous voient d'une façon bizarre, mais ça ne m'intéresse pas. Nous avancerons, parce que tu dois faire ce dont tu as envie dans cette vie, tu dois laisser ton esprit errer, rêver, rêver et rêver. »

« Tout ce que j'écris, je le ressens... Je n'essaie pas d'arrondir les angles. Je garde presque le premier jet. J'essaie toujours de faire trois choses à la fois, c'est dans ma nature... Je déteste être dans un coin, rangé seulement comme guitariste, ou comme songwriter, ou comme danseur... J'aime bouger et changer. »

« New York me tue en ce moment. Je suis si content que les minijupes ne soient plus à la mode. Il n'y a rien de tel que Londres ! »

« Je ne suis pas sûr de vivre jusqu'à 28 ans. »

« J'ai fait ce rêve où je marchais sous la mer. C'est lié à une histoire de science-fiction au sujet d'un rayon pourpre et mortel. »

« Je vois *All Along the Watchtower* comme quelque chose que j'ai écrit mais que je n'ai pas réussi à mettre en forme. J'ai souvent cette sensation en pensant à Bob Dylan. »

« Je n'ai pas honte de dire que je ne peux pas écrire de chansons joyeuses. *Foxy Lady* est sans doute la seule chanson joyeuse que j'aie écrite. »

« J'ai joué l'hymne américain à Woodstock car je suis Américain. On me le faisait chanter à l'école, et c'était comme un flashback. Je trouvais cela très beau. »

« Il y a un mélange spiritual-blues… Nous faisons de notre musique la musique de l'Église électrique – un nouveau genre de Bible à porter dans son cœur, et qui vous procure une sensation physique. On essaie d'en faire une musique à la fois très relâchée et dure afin qu'elle cogne assez fort à votre âme pour l'ouvrir. Le rock est plus qu'une musique, c'est comme une Église, une fondation pour ceux qui sont perdus ou sur le point de se perdre… »

« On essaie de sauver des gosses, de faire un tampon entre les jeunes et les vieux. Notre musique est un traitement de choc pour les aider à se rendre un peu mieux compte de ce que devraient être leurs buts dans la vie. On veut qu'ils se rendent compte que notre musique est tout aussi spirituelle que le fait d'aller à l'Église. C'est l'âme qui doit régner, pas l'argent ni la drogue. Il faut se diriger soi-même et donner sa chance à Dieu… »

« Je crois que je vais monter un groupe de rhythm and blues… J'ai bien envie de me payer des cuivres et de mettre sur pied un truc genre Otis Redding, parce que c'est ça, le vrai truc. »

Jimi Hendrix

« Il y a ceux qui arrivent sous les yeux du public et que l'on commercialise en masse. On nous dit qu'ils sont populaires et nous répondons. Ils sont populaires. Et puis il y a ceux qui sont tellement, et intuitivement reliés à l'univers, qu'ils ont une influence énorme bien qu'ils ne soient plus là. Cela s'appelle l'immortalité, et Jimi Hendrix est immortel. C'est enthousiasmant de savoir que le monde est exposé au génie de Jimi. Peut-être que l'image écornée que certains essaient de donner de lui sera un jour remplacée par la conception que j'en avais : un enfant de l'univers, un maître de la guitare et une âme chaleureuse et généreuse. »

Billy Cox

« Jimi Hendrix venait du blues, comme moi. C'est pour cela que nous nous sommes tout de suite entendu. Jimi était un guitariste de blues. »

Miles Davis

« Je ne sais pas ce que l'on va faire maintenant que Jimi n'est plus là. C'était le seul Noir qui pouvait jouer psychédélique. »

Bo Diddley

« Jimi était le guitariste le plus noir que j'aie jamais entendu. Sa musique était profondément enracinée dans des formes musicales pré-blues, comme les chants des plantations et les mélodies du gospel. Pour autant que je m'en souvienne, il avait assimilé tous les genres de musique noire, mais il aimait particulièrement les plus anciennes, et cela se sentait dans son style… Ses textes et ses fringues étaient peut-être blancs comme neige, mais Jimi était aussi noir qu'on puisse l'être. »

Michael Bloomfield

« Hendrix ignorait tout de la musique modale ; c'était juste un musicien naturel, il n'avait pas fait d'études, il n'était pas sur un quelconque marché, pas plus que je ne le suis. »

Miles Davis

« Il y avait un consensus général parmi les jazzmen importants qui avaient pris la peine d'écouter Hendrix, revenant à dire que sa musique avait pris une direction strictement jazz, ce dont il était tout à fait capable ; que Jimi aurait été l'un des grands du jazz. »

Miles Davis

Portraits croisés de Jimi Hendrix

« En mars 1970, notre groupe (Love) a effectué quelques sessions d'enregistrement en compagnie de Jimi Hendrix. En fait, je le connaissais déjà, et nous sommes devenus de très bons amis avec le temps. Je me souviens que nous avons passé de très bons moments en Angleterre, alors que nous sommes tous les deux Américains… Mystérieusement, nous avons eu à un moment donné la même girlfriend. Mais cela ne nous a pas dérangés (rires)… J'ai retrouvé Jimi à Londres, et c'est au club Speakeasy que je lui ai parlé pour lui signifier que nous devrions faire quelque chose ensemble. Nous devions aller aux studios Island, mais ils étaient déjà réservés par Stephen Stills (de Crosby Stills Nash & Young). Il l'avait entièrement réservé pour lui seul ! On s'est donc replié sur les studios Olympic, et là on s'est retrouvé à plusieurs : Jimi, un percussionniste du groupe de Ginger Baker, Remi Kabaka, et deux autres Africains, jouant des tablas, ainsi que moi. On a tous effectué une jam session sur un titre, *The Everlasting First,* qui n'est jamais paru. Ensuite, je n'ai plus jamais rejoué avec Jimi… »

Arthur Lee, chanteur de Love

« Les premiers jours avec Hendrix, nous n'avons interprété que trois chansons, de manière assez basique. Un jour, j'étais au pub en sa compagnie : il me posait des questions sur la musique britannique, et je lui en posais sur la musique américaine, car je ne connaissais pas les USA à ce moment-là. L'ambiance était vraiment bonne entre nous… Au bout de deux jours, j'étais définitivement pris dans le trio.

À Londres, le psychédélisme n'est pas apparu avant 1967. Tout est venu de San Francisco. Tout le monde a déclaré que le monde est devenu fou du jour au lendemain. Ce n'est pas tout à fait exact. Bien sûr, les cheveux longs, les costumes roses et les lunettes violettes sont apparus assez rapidement, mais franchement, personne n'est devenu fou. Sinon, nous ne serions pas là !

À propos de la séparation du Jimi Hendrix Experience, vers octobre 1968, tout s'est passé de manière presque naturelle en somme… Nous n'avons pas arrêté de tourner et de faire des concerts durant deux années et demi. Le groupe est devenu important, mais surtout, Hendrix a commencé à nous regarder de haut. C'était la fin. On ne pouvait plus supporter cette situation. Je sais que le trio a encore essayé de tenir six mois après la séparation officieuse, mais on n'en pouvait plus : il fallait en finir. Je pense qu'à cette époque, Hendrix était trop sous la pression de commanditaires autour de lui, de tout un tas de types avec des contrats qu'ils lui faisaient miroiter sous le nez… Cela aussi l'a fait craquer.

Les sessions du trio Experience en studio ? On avait l'habitude d'y entrer, assez tardivement. Alors Hendrix nous affirmait : « Je crois que j'ai une chanson ». Et je demandais : « quelle est la clé ? » Et Mitch demandait : « quel est le tempo ? » (rires)… On avait l'habitude de travailler très rapidement durant les répétitions, car nous n'avions guère de temps. Nous nous réservions alors les meilleurs studios, et chaque heure coûtait cher.

Avec Jimi, on se communiquait des trucs mutuellement. Je dis bien « mutuellement », car une certaine légende affirme qu'Hendrix nous montrait tout ce que nous devions faire, ce qui est strictement faux. Sur ses propres chansons, je n'ai jamais été crédité alors que je lui ai souvent indiqué des trucs pour mieux cerner une composition. Basiquement, on peut dire que tout cela ressemblait à de l'improvisation libre. En fait, on improvisait un certain temps, jusqu'au moment où l'on réussissait à trouver quelque chose ensemble. Puis à ce moment-là, les ingénieurs du son intervenaient pour enregistrer. Parfois sans même connaître les musiciens qu'ils enregistraient ! »

Noel Redding, bassiste du Jimi Hendrix Experience

« J'ai rencontré Hendrix à deux ou trois occasions, en 1969 et 1970, mais je l'ai surtout vu en concert, et je peux vous dire qu'à cette époque, ce type possédait une confiance en lui extraordinaire. Cela se voyait sur scène. Je prendrais le mot de Miles Davis qui affirmait : "Je peux deviner si une personne peut jouer juste uniquement à la manière avec laquelle il se tient sur scène." Et bien chez Hendrix, il y avait ce charisme, cette allure magique. Il dominait sa Stratocaster avec une confiance absolue.

À cette époque, il était très difficile de lui parler, car il possédait un environnement très particulier : des sortes d'hommes d'affaire assez louches, plusieurs girlfriends qui formaient une sorte de garde rapprochée assez curieuse. On appelait cela la "famille cosmique", qui gravitait autour de Hendrix, comme autant de satellites autour d'une planète. C'était très curieux.

Mes albums favoris de Jimi demeurent ses trois premiers, une opinion partagée par pas mal de personnes, je pense. Avec ces œuvres, c'est comme si vous étiez capturé, puis placé dans une sorte de vaisseau spatial pour un long voyage. C'est vraiment l'impression que j'ai eu la première fois que je les ai écoutés. J'ai parfois le sentiment de voir apparaître des fantômes, ou quelque chose de ressemblant. Quand Jimi ouvrait l'électricité de sa guitare, vous pouviez presque voir des anges et des démons danser ensemble.

Vous savez, n'importe qui peut jouer de la musique comme n'importe qui peut penser ou parler. Mais très peu d'artistes ont une conscience de jouer au-delà d'une simple note. Jimi possédait cet esprit, cette spiritualité. Les fondations de sa musique étaient le blues, mais il possédait en outre cette sorte de "personnalité cosmique" (rires)…

Je rêve de pouvoir réaliser un album, un jour, qui pourrait ressembler à ce que Jimi pouvait interpréter : très peu de paroles et une grande place faite à la guitare, à l'orgue Hammond ou aux congas. Parler de récits interplanétaires ou galactiques, et pas seulement de ce qui se passe sur terre. Aller chercher un son du côté du jazzman Sun Ra, par exemple… Mais pour arriver à cela, il faut véritablement trouver une force intérieure, une colère, une passion, quelque chose de supérieur qui vous guide. Une sorte d'émotion qui irait au-delà de la simple impression que ressent n'importe quel guitariste sur scène ou en studio.

Je demeure extrêmement humble face à la musique d'Hendrix, car il m'a permis de progresser dans mon métier. Son aura s'est développée en quelques mois. Il apparaît à nous véritablement comme quelqu'un de mystique, d'extraordinaire. Il évoquait lui-même sa musique en évoquant une "musique de l'église du ciel", et je crois qu'en effet qu'on se rapproche de cela.

Toute la musique d'Hendrix nous parle des années 60, mais aussi du futur. Il ne s'agit pas seulement de Cherokees, ou de noirs américains ou du blues… Les couleurs et les émotions de sa musique représentent pour moi de vrais récits, que nous pouvons aujourd'hui étudier et méditer. » *Carlos Santana*

« Quand j'ai rencontré Hendrix à son service militaire, je me souviens que les bassistes "électriques " étaient assez rares. On parlait alors plutôt de Ray Brown, Ron Carter ou Charles Mingus. Je pense que Jimi s'est naturellement intéressé à mon cas.

J'ai un souvenir particulier du concert de Woodstock. Nous n'avions répété qu'une semaine et demi. Quand nous sommes montés sur scène, nous n'étions pas encore au point, mais nous avons décidé de jouer à l'instinct, en fonçant tête baissée. C'était incroyable. Je regardais la foule, et je scrutais tous ces visages avec la bouche grande ouverte, avec une sorte d'expression signifiant "Mais qu'est-ce que c'est que ce truc ?" (rires)… Mais c'était fantastique pour tout le monde, sur scène comme dans la foule. On le sentait bien.

On a dit que le concert du Fillmore East (présent sur l'album *Band of Gypsys*) représentait quelque chose de "jazzy" ou de "funky". Je dirais plutôt que l'on cherchait à se rapprocher d'une sonorité "roots", presque blues. C'est bien Mitch Mitchell qui a apporté une dimension jazz au Jimi Hendrix Experience. Là-dessus, il n'y a aucun doute.

Hendrix fait vraiment partie des plus grands. John Coltrane a conquis le saxophone ténor. Auparavant Charlie Parker avait fait de même avec l'alto. Miles Davis est devenu le maître de la trompette. Puis Hendrix fit la même chose avec la guitare. Ils ont tous conquis leur instrument. »

Billy Cox, bassiste du Band of Gypsys

« Durant notre seconde ou troisième performance ensemble, sur scène, notre cohésion commença à se manifester de manière plus brillante. C'est à ce moment-là que je me suis rendu compte de la chance que j'avais de pouvoir m'intégrer dans un tel trio. Je venais des Blue Flames, un groupe très structuré, très organisé, et je me retrouvais dans le Jimi Hendrix Experience, quelque chose de nettement plus lâche, mais qui accordait une place énorme à la création, à l'improvisation. J'avais vraiment l'impression de... sortir de prison. Et chacun des autres musiciens du trio m'offrait une liberté qui ressemblait à la chose la plus précieuse au monde.

Il y a beaucoup de choses que nous n'avons jamais dites. Je crois qu'une telle disparition (d'Hendrix) renforce encore plus le respect mutuel que l'on pouvait déjà ressentir les uns envers les autres. Musicalement, avec Jimi, nous nous sommes mutuellement donnés de très grands défis. Mais cela nous convenait parfaitement. C'était passionnant de travailler avec quelqu'un qui vous donnait une sorte de liberté ultime. Une liberté dont il me semblait qu'elle avait toujours existé en lui. Il n'y avait aucune limite, aucune barrière. Jimi était tout simplement irremplaçable, aussi bien en tant qu'artiste que musicien. Il me manque autant aujourd'hui qu'à cette époque. »
Mitch Mitchell, batteur du Jimi Hendrix Experience

La plupart des extraits d'interviews proviennent de l'excellente revue *UniVibes,* uniquement consacrée à Jimi Hendrix et à sa musique. Pour tout renseignement : www.univibes.com

CHRONOLOGIE de la vie de JIMI HENDRIX

27 NOVEMBRE 1942 Naissance de Johnny Allen Hendrix (futur Jimi Hendrix) à Seattle (État de Washington), à 10 h 15, à l'hôpital King County. Dans les veines de Johnny Allen Hendrix coule du sang blanc, noir et cherokee. À la fin de l'année 1942, le père de Johnny Allen, James Allen Hendrix, (dit Al) décide de rebaptiser son fils James Marshall Hendrix, en hommage à son frère, Leon Marshall, décédé en 1932.

Au moment de la naissance de son fils, Al est à l'armée, dans une base de l'Alabama. On ne l'autorise pas à assister à l'accouchement. Le père de Jimi, qui est jardinier de métier, possède une importante collection de disques de blues et de rhythm and blues. Il est également joueur amateur de saxophone. Il s'est marié le 31 mars 1942 avec Lucille Jeter, qui elle, joue du piano. Elle a à peine 18 ans quand elle met au monde Johnny. C'est une femme de santé plutôt fragile.

ENFANCE (1942 A 1945) Le couple Hendrix ne s'entend pas vraiment. Durant cette période, Johnny (que ses parents appellent bientôt Jimmy), est souvent envoyé chez sa grand-mère maternelle, au Canada. Al ne verra son fils qu'en 1945, à la fin de la guerre.

La grand-mère paternelle de Jimmy, Nora Hendrix, fut une brillante « chorus girl » aux États-Unis (aucun lien avec la chanteuse Nona Hendryx). Les parents de Jimmy, Al et Lucille, sont eux-mêmes très liés à la musique et à la danse. Al a fait plusieurs animations professionnelles. Il est danseur de jazz semi-professionnel. Le couple a remporté plusieurs concours de danse dans le nord-ouest des États-Unis (ils se sont d'ailleurs rencontrés lors d'un concert de Fats Waller).

Le jeune Jimmy Hendrix est lui-même très familiarisé avec la musique. Il écoute Duke Ellington, Count Basie et Louis Jordan chez son père. Il fréquente assidûment l'Église pentecôtiste pour chanter et jouer. Durant ces années, Jimmy est plutôt timide et introverti.

À SON RETOUR DE L'ARMÉE EN 1945, Al devient électricien. Lucille élève Jimmy puis son jeune frère Leon, né le 13 janvier 1948.

DE 1945 À 1948, la vie du couple est traversée par des disputes constantes et de plus en plus violentes. Lucille a d'importants problèmes de dépendance à l'alcool. Jimmy et Leon sont envoyés à Vancouver, chez la sœur de Al et son mari. Ils ne reviendront à Seattle que vers 1950.

LES ANNÉES 50 Le couple Hendrix divorce le 17 décembre 1951, deux ans après la naissance d'un petit Joseph et une année après celle de Cathy, née le 27 septembre 1950. Lors du divorce, Al récupère la garde de Jimmy, Leon et Joseph.

Jimmy traverse alors une scolarité assez particulière. Souvent rêveur, ses matières préférées sont la poésie et l'art en général. Il s'intéresse également beaucoup à la science-fiction.

Mais bien sûr, c'est la musique qui le passionne en premier lieu. Il commence à chanter dès l'âge de huit ans, puis à jouer sur une guitare arrangée par son père. Il s'affirme guitariste gaucher, ce qui lui pose au départ le problème de trouver un matériel adéquat. Il choisira d'inverser les cordes, en jouant constamment sur des guitares pour droitiers modifiées.

LE 2 FÉVRIER 1958, Lucille, la mère de Jimmy, meurt d'une tuberculose. Ni Jimmy, ni son père n'assistent à l'enterrement.

Al lui offre alors sa première guitare, une guitare ukulélé électrique sur laquelle il a travaillé quand il était enfant. Il commence à jouer dans son premier groupe professionnel, les Velvetones, à la guitare acoustique.

EN 1959, Hendrix quitte le foyer familial, alors que son père lui achète sa première guitare électrique. Il rejoint un nouveau groupe, The Rocking Kings.

LES DÉBUTS (1960-1963) En 1960, The Rocking Kings changent de nom pour s'appeler Thomas and the Tomcats. Jimmy se fait renvoyer de la High School (le lycée) Garfield le 31 octobre 1960. Le motif : il avait tenu la main d'une Blanche durant un cours de dessin... Jimmy s'engage l'année suivante dans les parachutistes. Le 31 mais 1961, il commence ses classes, puis le 31 octobre, il est inscrit au 101st Airborne Division, où il rencontre Billy Cox (futur membre de Band of Gypsys). Il est basé à Fort Campbell, dans le Kentucky.

L'ANNÉE SUIVANTE, EN 1962, il est réformé de l'armée à l'automne, après son vingt-sixième saut où il se blesse le dos et une cheville.

Il s'installe ensuite à Nashville à partir d'octobre et entreprend la découverte du circuit des Chitlin (réseau de salles et de bars uniquement réservés aux Noirs, et non connus des Blancs), en compagnie de Billy Cox.

EN DÉCEMBRE, il rejoint le groupe mixte de Bobby Taylor and the Vancouvers, qui signera ensuite chez Motown.

Après quelques tournées en mars 1963, Jimmy Hendrix et Billy Cox créent, à Nashville, le groupe The King Casuals. Il rencontre ensuite Little Richard à Seattle, qui lui propose de continuer la route avec lui. Il accepte les premières dates, mais il se rend rapidement compte qu'il ne doit jouer que de la guitare rythmique sur scène, ce qui, évidemment, le frustre énormément.

NEW YORK (1964-1965) Hendrix s'installe à New York en 1964. Il découvre alors BB King, Sam Cooke, Muddy Waters et Bob Dylan, puis joue ensuite avec plusieurs groupes et artistes : les Casuals à Nashville, les Isley Brothers, Chuck Jackson, Curtis Knight, BB King, James Brown, Otis Redding, Sam Cooke, Jackie Wilson, Ben E. King, Hank Ballard, Solomon Burke, surtout dans le cadre des chitlin circuits. Il collabore également avec le saxophoniste Lonnie Youngblood.

Le circuit chitlin lui permet de se frotter aux dures réalités du circuit des musiciens amateurs et semi-professionnels. Jimmy Hendrix connaît alors de nombreux problèmes de contrats et de non-paiement de prestations.

DURANT LE DÉBUT LE L'ANNÉE 1964, Hendrix collabore avec les Isley Brothers. C'est Ronnie Isley qui le découvre alors que celui-ci écumait quelques clubs de New York. Il accompagne les Isley Brothers sur les quelques titres que ceux-ci sortiront en 1964. Toujours frustré de ne pouvoir s'exprimer à plein, Hendrix trouve ensuite Curtis Knight et ses Squires. Ceux-ci jouent dans des bals et des discothèques dans le secteur de New York et du New Jersey.

Avec Little Richard, parallèlement à cette carrière, il enregistre des Vee Jay sessions entre l'été 1964 et 1965. Il se fait congédier après six mois de collaboration avec Little Richard, car « il ne pouvait y avoir deux stars sur scène » (le motif officiel est que Jimmy n'a pas pris le bus après un show à New York !). Il quitte la tournée Little Richard alors que celui-ci atteint Los Angeles.

LE 27 JUILLET 1965, Hendrix signe un contrat avec le label Sue Records, à New York. Il aura par la suite un certain nombre de problèmes avec les signatures de contrats, qu'il accumulera entre les années 1965 et 1966. Hendrix enregistre quelques sessions en compagnie d'Arthur Lee, qui fondera quelque temps après le groupe Love. Un 45 Tours, *My Diary*, sortira à cette époque (face B : Uteeh, avec Rosa Lee Brooks au chant).

Le reste de l'année, il tourne avec Solomon Burke, Chuck Jackson ou Jackie Wilson, pour signer ensuite quelques titres sous le pseudonyme UFO (« Unidentified Flying Object », l'équivalent de nos OVNI...).

EN OCTOBRE 1965, il signe un nouveau contrat d'enregistrement avec Ed Chalpin et PPX Productions. Jimmy Hendrix est rémunéré 1 dollar et... 1 % de royalties sur chacun des disques vendus ! Une véritable arnaque. On peut dire qu'il s'agit ici d'un des premiers mauvais contacts de Hendrix avec le milieu des affaires, premier d'une longue série...

En dehors de ces problèmes de signatures, Hendrix aime se promener dans New York afin de découvrir de nouvelles musiques, de nouveaux noms. Lors de ses pérégrinations dans Greenwich Village, il se familiarise avec le blues-rock originaire d'Angleterre, ainsi qu'avec le jazz de Coltrane ou les folk-songs de Bob Dylan... Il découvre par la même occasion de nombreuses drogues, dont l'acide et la Marijuana.

EN 1966, Hendrix débute sa carrière solo. Il joue d'abord dans le groupe de King Curtis, les Kingpins. Curtis est un saxophoniste originaire du Texas ayant essentiellement joué avec les Coasters durant les années 50. Il monte ensuite ses premiers groupes à New York : les Rainflowers, les Screaming Nightwaks et surtout Jimmy James and the Blue Flames, avec Randy California (futur Spirit) et John Hammond Jr.

À cette occasion, il fréquente plusieurs clubs new-yorkais comme le Café a Gogo, le Gas Light, le Café Wha? de Greenwich Village. D'après plusieurs sources, les Rolling Stones, les Beatles, Bob Dylan, Miles Davis ou les Mamas and the Papas sont venus applaudir Hendrix, alors que celui-ci ne gagnait que trois dollars par passage...

LE 5 JUILLET 1966, il est découvert par Chas Chandler, ex-bassiste des Animals, et le producteur Michael Jeffery, grâce aux conseils de Linda Keith, une top model amie de Keith Richards. Dès le 23 juin, celle-ci avait tenté d'intéresser le manager des Stones, Andrew Oldham, sans succès. Ils voient Jimmy Hendrix au moment où celui-ci joue *Hey Joe* de Billly Roberts... Dans le même temps, Linda s'est arrangée pour que Keith Richards paye une suite d'hôtel à Hendrix pour lui permettre de rencontrer ses futurs managers. Chandler discute avec Hendrix à l'issue du concert pour lui proposer un contrat à partir du 9 septembre. Lui et Jeffery l'emmènent en Angleterre. Ils le veulent seul, et sans groupe...

LE 24 SEPTEMBRE 1966, Chandler et Hendrix arrivent à Londres. Ce dernier donne une première jam session le soir même à Londres. Chandler est très ambitieux pour Hendrix. Il souhaite d'abord l'installer dans un hôtel « *cheap* » pour ne pas attirer l'attention. Hendrix se dirige d'abord vers le Tower Hotel d'Hyde Park, puis partage un appartement avec Chas Chandler dans Edgware Road. Le seul souhait d'Hendrix est alors de voir Eric Clapton... Avant de rencontrer « God », Chandler s'arrange pour l'emmener partout : voir des concerts, lui faire rencontrer chacun des artistes, bref l'habituer à la scène londonienne.

1er OCTOBRE 1966 : une rencontre avec Eric Clapton est arrangée... sur scène ! Hendrix joue avec le guitariste anglais, Ginger Baker et Jack Bruce (soit Cream) sur la scène du Regent Street Polytechnic. Baker est surpris par la technique de Hendrix. Clapton est littéralement enthousiasmé. Hendrix joue alors *Killing Floor* de Howlin' Wolf. Il rencontre à cette occasion son premier amour londonien : Kathy Etchingham, 19 ans. Il restera avec elle durant deux années.

6 OCTOBRE 1966 Il rencontre Johnny Hallyday au club Blaise's, en compagnie d'Otis Redding, début octobre. Hallyday le presse de venir l'accompagner en première partie de l'Olympia, à Paris. Les auditions commencent immédiatement pour former un groupe autour de Hendrix. Le 6 octobre est formé le Jimi Hendrix Experience avec Mitch Mitchell, ex-batteur de Georgie Fame, et Noel Redding à la basse. C'est à cette occasion que le guitariste adopte définitivement le prénom « Jimi ». Redding n'est engagé que le 29 septembre, lors d'une audition au Birdland de Londres. Après un dernier concert avec Georgie Fame le 1ᵉʳ octobre, Mitch Mitchell rejoint Hendrix le 6.

18 OCTOBRE 1966 Les premiers fans enthousiastes de Jimi Hendrix sont alors Eric Clapton et Pete Townshend. Les premiers concerts officiels du Jimi Hendrix Experience ont lieu en France, à Évreux, Nancy, Villerupt, puis Paris, à l'Olympia, en première partie de Johnny Hallyday. Ce dernier, enthousiaste, demande à Hendrix de l'accompagner en Allemagne pour ses prochains concerts. Ces prestations auront bien lieu en Allemagne... mais sans Hendrix.

23 OCTOBRE 1966 À cette date, le groupe enregistre son premier titre en studio, *Hey Joe*, avec Chandler aux manettes et The Breakaways aux chœurs.

LE 2 NOVEMBRE 1966, le groupe se prépare pour l'album à venir. Les autres concerts de l'année se dérouleront en Allemagne et en Angleterre. C'est dans ce pays qu'il rencontre ses premiers succès : l'Angleterre est alors nettement plus receptive à la musique de Hendrix que les États-Unis.

13 DÉCEMBRE 1966 Pour 25 livres, le groupe fait d'abord la première partie des Animals à Croydon... Le 13 décembre, le Jimi Hendrix Experience fait son apparition à *Ready Steady Go*, sur ITV, pour interpréter *Hey Joe*. C'est le premier contact de masse du groupe avec le public anglais. Le single *Hey Joe* sort le même jour. *Hey Joe* est un blues traditionnel de Billy Roberts arrangé par Tim Rose (*Stone Free* en face B). C'est une première dans le milieu rock de l'époque : sur les conseils de Chandler et Jeffery, le groupe a enregistré les deux titres avant même de dénicher un contrat stable.

Ils sont d'abord refusés par Decca (qui avait rejeté les Beatles quatre ans auparavant...), puis décident d'effectuer des show cases un peu partout dans Londres afin de se faire connaître des professionnels. Le *Melody Maker* et le *New Musical Express* commencent alors à créer une rumeur autour du groupe. Kit Lambert et Chris Stamp, managers de The Who, veulent engager le groupe à signer avec Track Records, leur nouveau label qui apparaîtra au printemps, mais d'ici là, rien ne semble se décider. Résultat : Chandler commence à être à bout, car personne ne veut signer pour *Hey Joe*, et l'organisation des concerts commence à coûter cher. Chandler, pour financer tout cela, en est réduit à vendre sa collection de guitares basses...

Enfin, Polydor se manifeste en acceptant du bout des lèvres de signer pour *Hey Joe*. C'est Lambert qui a arrangé le coup, car les disques des Who sortaient sur le label de Robert Stigwood, Reaction, label distribué par Polydor. *Hey Joe*, premier 45 tours, est publié chez Polydor, puis les suivants chez Track.

Le contrat entre le Jimi Hendrix Experience et Chandler/Jeffery est signé. Hendrix perçoit 50 % des gains, Mitchell, Redding, Chandler et Jeffrey chacun 12,5 %. Le groupe commence à répéter des standards en vue des concerts européens. Les premières reprises du groupe seront *Mercy Mercy Mercy*, *Land of a Thousand Dances*, *Respect* et *In the Midnight Hour*.

1967 Le 30 janvier de cette année est organisé l'enregistrement de trois chansons du groupe lors de sessions radio de la BBC. Le lendemain, on remarque un hommage appuyé du *Melody Maker* au guitariste américain. Le groupe passe alors, depuis le 11 janvier, au Bag O'Nails, avec dans le public des passages successifs de Paul McCartney, Ringo Starr, Georgie Fame, Eric Burdon, Donovan, Mick Jagger et Eric Clapton...

Le 28 du même mois, dans un entretien au *New Musical Express*, Hendrix avait confessé sa passion pour la science-fiction, thème autour duquel il tournera sans cesse sur ses productions à venir.

La tournée anglaise, débutée fin 1966, s'achève le 1er mars 1967 dans ce pays. Elle emmène les Walker Brothers, Engelbert Humperdinck et Cat Stevens.

DÈS LE DÉBUT FÉVRIER 1967, Hendrix fait la une du *Melody Maker*. Le 3 de ce mois, le groupe enregistre un nouveau single, *Purple Haze*, et travaille sur le prochain, *The Wind Cries Mary*.

Hey Joe se classe n° 4 des classements single. Hendrix est alors à l'apogée de sa gloire londonienne. Il participe à toutes les réjouissances « in » de la ville. Tout le monde veut voir le guitariste prodige. Les premiers fans se réunissent. Les artistes jaloux aussi, curieux de voir ce phénomène américain débarquer à Londres, en annonçant déjà le psychédélisme. Hendrix, outre Pete Townshend et Eric Clapton, se lie d'amitié avec Brian Jones, déjà très atteint par la drogue. Les deux autres préfèrent le circuit des boîtes de jazz aux concerts de rock. Brian Jones, quant à lui, est déjà pestiféré au sein des Rolling Stones... De leur côté, Keith Richards et Mick Jagger n'aiment guère Jimi Hendrix, celui-ci ayant déjà effectué des tentatives de flirt auprès de Marianne Faithfull, petite amie de Jagger... De plus, Hendrix apparaît de plus en plus comme le sex-symbol de cette fin de décennie, au grand déplaisir de Jagger.

EN MARS 1967, *Purple Haze* sort en single (*51st Anniversary* en face B). Le titre, écrit en une nuit, a été enregistré aux Olympic Studios. Du matériel est déjà prêt pour l'album à venir. Pete Townshend, guitariste des Who et également présent sur Track Records, sent une certaine concurrence s'amorcer avec l'arrivée de Jimi Hendrix. Mais cela ne lui déplaît pas.

LE RESTE DU MOIS DE MARS, le Jimi Hendrix Experience passe dans un club parisien puis... au bal de la faculté de droit d'Assas, le 4. Une tournée anglaise est ensuite relancée du 9 mars au 14 mai. Hendrix, à cette occasion, brûle sa guitare lors de *Fire*. Durant toute sa carrière, contrairement au mythe tenace concernant ses instincts de « pyromane », Hendrix ne brûlera sa guitare sur scène que trois fois, dont une fameuse démonstration sur *Wild Thing*, au festival de Monterey.

C'est le début d'une « Hendrixmania » en l'Angleterre. Tout le monde ne parle plus que de cette tournée. Le phénomène prend une ampleur très importante. *Purple Haze* réussit de meilleures performances de ventes que *Hey Joe*.

LE 4 AVRIL 1967, le groupe achève l'enregistrement du prochain album, *Are You Experienced?* Le 4 mai, le Jimi Hendrix Experience commence la préparation du second album aux Olympic Studios.

Un nouveau single, *The Wind Cries Mary* est publié (face B : *Highway Chile*). Aux États-Unis, Reprise Records, le label créé par Frank Sinatra, s'empare du phénomène en signant pour 120 000 dollars le groupe sur les États-Unis.

Le premier album, *Are You Experienced?*, est réalisé sur Track Record. L'album est enregistré en novembre et décembre 1966 aux Kingway Studios, puis en février et mars 1967 aux Olympic Studios de Londres. L'album sort en juillet aux États-Unis, sur Reprise Records. Sur l'album américain, *Red House*, *Remember* et *Can You See Me* sont supprimés pour être remplacés par *Purple Haze*, *Hey Joe* et *The Wind Cries Mary*. Le succès est immédiat : l'album est numéro cinq à sa sortie, puis numéro deux durant l'été 1967, le numéro un étant *Sergeant Pepper's* des Beatles... Il faut noter que Jimi Hendrix jouera ultérieurement, lors de ses prestations live, le titre *Sergeant Pepper's*.

Aux États-Unis, l'album atteint la cinquième place en septembre. Il restera plus de deux ans dans le Billboard... L'album s'écoulera à trois millions d'exemplaires.

LE 18 JUIN 1967, le groupe se produit au festival de Monterey, initiant le « Summer of love » aux États-Unis.

Outre Jimi Hendrix, on y trouve les Byrds, le Grateful Dead, Jefferson Airplane, Simon & Garfunkel, les Mamas and Papas, Ravi Shankar, Hugh Masekela et bien d'autres... Paul McCartney participe au comité d'organisation du concert. Il pousse ce comité à inviter le Jimi Hendrix Experience en plus des Who et des Animals, autres formations britanniques.

Monterey lance la vogue des grands festivals pop californiens et américains, avec drogue, jeunesse délurée, fleurs dans les cheveux et idéaux baba... Un film-reportage de D.A. Pennebaker, *Monterey Pop*, immortalisera le festival, ainsi que le disque *Historic Performance recorded at the Monterey Pop Festival*, avec une face consacrée au Jimi Hendrix Experience, et l'autre à Otis Redding. Le groupe interprète, entre autres, *Like a Rolling Stone, Rock Me Baby, Can You See Me* et *Wild Thing*... Une nouvelle version intégrale sera publiée en 1986.

À partir de ce concert et des effets appuyés d'Hendrix en concert (dont la fameuse guitare brûlée sur scène), il devient célèbre aux États-Unis, alors que jusqu'à maintenant, il l'était surtout en Angleterre. Sa prestation fut qualifiée d'extraordinaire, supplantant les passages pourtant mythiques des Who, d'Otis Redding et de Janis Joplin, lors du même festival. Jimi Hendrix devient définitivement l'artiste rock incontournable de cette année, le guitariste qu'il faut avoir vu...

Après le festival, Hendrix est hébergé par Peter Tork, des Monkees. Dans le même temps, Chandler et Jeffery se montrent très actifs et signent à tour de bras des contrats de passage dans les salles des États-Unis, en particulier Bill Graham (du Fillmore) et Steve Paul (de The Scene).

DU 20 AU 24 JUIN 1967, le groupe se produit au Fillmore West de San Francisco. À partir du 8 juillet, le groupe assure la première partie des Monkees. Cette tournée est rapidement interrompue (le 16) sous la pression d'une ligue de morale d'extrême droite (les Filles de la Révolution Américaine), pour comportement indécent de

Hendrix sur scène. En réalité, il semble que Chandler ait « inventé » un tel prétexte pour ne pas voir Hendrix être associé aux Monkees, perçu par l'intelligentsia rock comme un groupe de quatrième zone...

AOÛT 1967 Après une série de *Show Cases* sur la côte californienne, Hendrix retrouve Curtis Knight à New York, à partir du 30 juillet. Il commence également à travailler sur la pédale wah-wah, dont il vient de découvrir l'utilisation. Dans le même temps, Ed Chalpin, furieux de voir Hendrix s'échapper du côté de Track, Polydor et Reprise Records, s'arrange pour vendre les enregistrements de Hendrix qu'il possède (en compagnie de Curtis Knight) à Capitol Records.

EN NOVEMBRE 1967, Capitol sort un album intitulé *Get That Feeling* (*Jimi Hendrix Plays and Curtis Knight Sings*). Un quatrième single, *The Burning of the Midnight Lamp*, est publié. Il fut écrit par Hendrix lors d'un voyage en avion entre Los Angeles et New York. Dès le milieu de l'année, Hendrix s'attaque à la réalisation d'*Electric Ladyland*. Il s'intéresse au son, à une collaboration avec des musiciens extérieurs au groupe. Dans sa tête, il pense déjà à l'après-Experience.

LE 9 OCTOBRE 1967, le groupe passe à l'Olympia, à Paris, en compagnie d'Eric Burdon. Le groupe interprète *Stone Free*, *Hey Joe*, *Fire*, *The Burning of the Midnight Lamp*, *The Wind Cries Mary*, *Rock me Baby*, *Purple Haze*, *Wild Thing*... Une nouvelle tournée anglaise est lancée jusqu'à la fin de l'année. Le groupe totalisera 180 concerts sur l'année 1967. Année particulièrement faste pour Hendrix et son groupe, puisqu'ils placent quatre singles et deux albums dans les charts britanniques et ces deux albums dans les *charts* américains...

LE 30 OCTOBRE 1967, l'enregistrement du second album du groupe est achevé. *Axis : Bold as Love* sort au mois de décembre. L'album atteint immédiatement la huitième place en Angleterre. Le 22, le groupe participe, à l'Olympia

Hall de Londres, au *Christmas Pop Spectacular*, avec à l'affiche Soft Machine, The Animals, Pink Floyd et The Who. L'année s'achève en beauté pour Jimi Hendrix, qui n'aura mis que quelques mois pour s'imposer.

1968 En janvier, une petite tournée en Suède s'achève mal : le 4, Hendrix saccage une chambre d'hôtel à Göteborg, après avoir ingurgité une forte dose d'alcool accompagnée de... LSD. Hendrix doit payer une forte amende, après avoir passé une nuit en prison. Le 21 du mois, il attaque, pour son prochain album, une reprise de *All Along the Watchtower* de Bob Dylan. Le 29, nouveau passage à l'Olympia à Paris. Il interprète, entre autres, *Sergeant Pepper's Lonely Hearts Club Band* des Beatles, *Catfish Blues* et *Purple Haze*. Hendrix poursuit alors ses tournées en donnant 28 concerts entre le Texas et le Canada.

DU 1er AU 4 FÉVRIER 1968, il se produit au Fillmore Auditorium et au Winterland de San Francisco. À ce moment de sa carrière, il est très célèbre aux États-Unis et devient le musicien « venant d'Angleterre » le mieux payé des États-Unis. Le groupe demande 75 000 dollars par concert. Durant les mois de février, mars et avril, les dates s'enchaînent aux États-Unis, dans des salles importantes, voire des stades, comportant jusqu'à 20 000 personnes en pleine capacité.

D'autres groupes anglais accompagnent alors le Jimi Hendrix Experience : les Animals d'Eric Burdon, Soft Machine et le Alan Price Set. La tournée américaine se poursuit jusqu'au 18 mai. Chandler et Jeffery sont extrêmement satisfaits de la tournée américaine du groupe. À ce moment de l'existence du groupe, *Are You Experienced?* s'est vendu à plus d'un million d'exemplaires, et *Purple Haze* à 100 000. *Axis : Bold as Love* se classe aisément dans le Top 20. Bref, tout baigne, pour le groupe et son management. Dès février, *Axis : Bold as Love* atteint la troisième place des *charts* américains. L'album restera un an dans le Billboard. Plus de trois millions d'exemplaires de l'album s'écouleront.

LE 12 FÉVRIER 1968, il doit recevoir à Seattle les clés de la ville, de même qu'un diplôme d'ancien élève du lycée qui l'avait renvoyé! Pour d'obscures raisons, la cérémonie de remise des clés de la ville sera annulée. Hendrix revient ensuite sur New York. Le 13 mars, on voit Hendrix et Jim Morrison des Doors effectuer ensemble une jam session au Scene Club de New York.

AU PRINTEMPS 1968, Hendrix débute l'enregistrement de *Electric Ladyland* au Record Plant de New York (début de l'enregistrement le 18 avril). Chandler commence à s'agacer en voyant Hendrix passer de nombreuses heures dans ce studio qui est l'un des plus chers des États-Unis. De plus, des tensions commencent à apparaître entre Noel Redding et Jimi Hendrix. Celui-ci dicte de plus en plus les parties de basse à Redding, qui le prend très mal. Les conflits deviennent ouverts entre les deux artistes. Un autre souhait d'Hendrix est de réussir à travailler avec d'autres musiciens que Redding et Mitchell. Hendrix commence déjà à s'ouvrir à une formule « symphonique ». De plus, les concerts du groupe se ressemblent de plus en plus, prenant la forme d'une sorte de « *Greatest Hits* »...

Le 18 mai, Hendrix interrompt les sessions d'enregistrements d'*Electric Ladyland* pour participer au Miami Pop Festival. Après un court passage par l'Europe, la tournée américaine reprend le 30 juillet, pour s'achever le 1er décembre. Le groupe se produit à présent dans des salles très importantes. À mi-enregistrement d'*Electric Ladyland*, Hendrix décide de partir à Los Angeles pour « décompresser ». On le voit tous les jours relativement éméché, dépensant sans compter son argent dans des frais divers et généralement futiles. Les deux albums *Are You Experienced?* et *Axis : Bold as Love* ont définitivement conforté la position d'Experience des deux côtés de l'Atlantique.

EN AOÛT, sort *Electric Ladyland*, avec la participation de Stevie Winwood, Al Kooper, Chris Wood, Jack Casady et

Buddy Miles. L'album comporte la reprise de *All Along the Watchtower* de Dylan. La pochette originale montre des femmes nues en photo. Plusieurs disquaires américains emballent le disque dans du papier opaque pour éviter la censure. L'album s'intitule *Electric Ladyland* car Hendrix a l'habitude de surnommer sa guitare *Electric Lady*.

All Along the Watchtower sera le seul véritable hit américain de Hendrix, qui se classe alors numéro 20 du Billboard. Pour information, les autres performances de Hendrix dans le Billboard seront *Crosstown Traffic* (numéro 52), *Freedom* (numéro 59), *Purple Haze* (numéro 65), *Foxy Lady* (numéro 67), *Dolly Dagger* (numéro 70) et *Up From the Skies* (numéro 82). Si le groupe semble satisfait du double album, le management (Chandler, mais surtout Jeffery), considère que l'enregistrement a été trop long, et qu'un double album a nettement moins de chances de rapporter qu'un simple, sur la longueur. À bout du comportement très instable de Hendrix, Chas Chandler se sépare de lui. Jeffery rachète les parts du management de Chandler pour un montant de 300 000 dollars.

DURANT L'ÉTÉ 1968, Hendrix est nommé « artiste de l'année » par le Billboard. Les trois disques du groupe sont certifiés or (500 000 ventes atteintes).

À L'AUTOMNE 1968, au Fillmore West, Hendrix fait un triomphe. Mais dans le même temps, *Electric Ladyland* est retiré provisoirement du marché anglais, car la pochette est censurée. L'album va atteindre la première place des *charts*. Mais il se vendra moins sur le temps (1,5 million d'exemplaires jusqu'en 1987). *Electric Ladyland* est le dernier album que Jimi Hendrix aura achevé jusqu'au bout, *a priori* sous son total contrôle artistique (en réalité, Chandler a contrôlé l'enregistrement de quelques compositions). À ce moment de l'existence du groupe, l'ambiance est pourtant loin d'être au beau fixe. De son côté, Ed Chalpin en profite pour continuer d'écouler ses sessions d'enregistrements d'Hendrix des années 1965-1966, maintenant étalées sur quatre disques… sur lesquels Hendrix ne touche pas un cent.

DU 10 AU 12 OCTOBRE 1968, le Jimi Hendrix Experience joue au Winterland Ballroom de San Francisco. À l'occasion du deuxième anniversaire du groupe, plusieurs amis sont invités sur scène : Jack Cassidy du Jefferson Airplane ou Chris Wood et Steve Winwood de Traffic. C'est Bill Graham qui présente lui-même les artistes. En novembre, Hendrix produit l'album des Cat Mother & the All Night Newsboys à New York.

1969 est une année émaillée d'incidents avec la police. Jimi Hendrix habite New York et voit régulièrement la police intervenir à son domicile, surtout durant l'été. Le 4 janvier, à l'émission TV *The Lulu Show*, le Jimi Hendrix Experience interprète *Sunshine of Your Love*, de Cream.

EN FÉVRIER 1969, a lieu la séparation officieuse du Jimi Hendrix Experience. Hendrix demeure aux États-Unis. À partir du 14 février, il s'enferme au Record Plant Studio de New York, avec Buddy Miles à la batterie et Billy Cox à la basse. Ils préparent ensemble un double album. En studio, Jimi Hendrix rencontre Alan Douglas, qui est en train de produire l'album *Devotion* de John McLaughlin. Hendrix lui demande de devenir son manager en remplacement de Chas Chandler. Douglas s'engage verbalement auprès de Mike Jeffery. Le 24, le groupe est filmé au Royal Albert Hall de Londres. Douglas approche ensuite le trompettiste de jazz Miles Davis pour l'encourager à enregistrer avec Hendrix, mais Davis demande une avance de 50 000 dollars, avant même de poser les pieds en studio !

EN MARS, Hendrix donne un concert au profit des Black Panthers. Il annonce la séparation d'Experience. Noel Redding a déjà créé son propre groupe, Fat Mattress, lassé du poids grandissant que prenait Hendrix au sein d'Experience. Dans le même temps, Hendrix produit quelques chansons du nouvel album de The Buddy Miles Express.

LE 18 MARS 1969, il enregistre en studio sa version de l'hymne américain *The Star Splangled Banner*, qui sera à l'avenir l'un de ses morceaux de bravoure live.

D'AVRIL A MAI 1969, une nouvelle tournée américaine est organisée. Jimi Hendrix devient le musicien rock le mieux payé du circuit. Ses cachets s'établissent dans une fourchette variant, selon les prestations, la taille de la salle ou du stade, entre 50 000 et 100 000 dollars par concert.

Mais le 3 mai, il est arrêté à l'aéroport international de Toronto pour possession d'héroïne. Il est libéré sous une caution de 10 000 dollars. On peut penser qu'il s'agissait d'un coup monté, sachant qu'Hendrix s'adonnait plutôt à l'herbe et aux acides. Il sera jugé en décembre de la même année. Il avouera qu'il a, par le passé, utilisé de nombreuses drogues.

A PARTIR DE L'ÉTÉ 1969, et jusqu'à l'automne, en dehors de ses tournées, Jimi Hendrix vit à Liberty, au nord de New York, en communauté avec d'autres musiciens, dont Mitch Mitchell, Juma Lewis et le pianiste Michael Ephron. Durant l'été, il fait quelques séjours en Algérie et au Maroc. Il effectue ses deux derniers concerts avec le Jimi Hendrix Experience : un premier au festival de Devonshire Downs, sur la côte Ouest, puis un second à Denver.

LE 29 JUIN 1969, à la fin de la tournée américaine, la séparation officielle du Jimi Hendrix Experience est prononcée. Durant plusieurs mois, Hendrix n'a pas voulu officialiser cette dissolution. En effet, Noel Redding a remarqué que Jimi Hendrix avait prévu de le faire remplacer par Billy Cox... Noel Hendrix et Mitch Mitchell partent à Londres. Jimi Hendrix reste à New York.

Peu de temps après, Brian Jones meurt à Londres, dans sa piscine, dans des circonstances mystérieuses. Cela affecte énormément Jimi Hendrix, qui renouvelle de fréquents séjours au Record Plant de New York, afin de préparer un prochain album. Il est accompagné de Buddy Miles, Billy Cox et certains musiciens accompagnant John McLaughlin.

EN JUILLET 1969, le groupe The Gypsys Suns and Rainbows est créé. Il a été constitué, en vue du Festival de Woodstock, avec Buddy Miles (batterie) et Billy Cox (basse). C'est un groupe composé de musiciens noirs uniquement, fruit d'un souhait très ancien de Jimi Hendrix. Il passe pour la première fois à l'émission *The Tonight Show.*

LE 18 AOÛT 1969, le groupe effectue la clôture du festival de Woodstock (Woodstock Music and Art Fair), avec Mitch Mitchell, Billy Cox, le guitariste Larry Lee et deux percussionnistes. Le film *Woodstock* immortalisera ce passage. Hendrix, dont le groupe est baptisé pour l'occasion « L'Église du Ciel », devait initialement clôturer la troisième et dernière soirée du festival. Mais devant le retard des programmations, le groupe ne passera que le quatrième jour, au petit matin ! Du public initial de 300 000 personnes de la veille, il ne reste que 30 000 personnes assoupies. Mais le passage du groupe demeurera unique, et tous les festivaliers s'accorderont pour affirmer qu'il s'agissait d'une prestation proprement magique. Lors de ce passage, il proteste à sa manière contre la guerre du Viêt-Nam en reprenant *The Star Spangled Banner,* l'hymne américain. Hendrix fut rémunéré 125 000 dollars pour cette prestation à Woodstock, soit le cachet le plus important donné à un artiste lors du festival. Toujours en août, a lieu un concert catastrophique à Denver, qui s'achève dans les gaz lacrymogènes de la police.

Après Woodstock, Jimi Hendrix se retire à New York pour chercher une nouvelle orientation musicale. Il commence à jammer avec le guitariste Larry Lee, les percussionnistes Jerry Velez et Juma Sultan, ainsi que Billy Cox et Mitch Mitchell.

À L'AUTOMNE 1969, les maisons de disques cherchent à rentabiliser le nom de Hendrix. Une compilation *Smash Hits* est publiée par Polydor en Europe et est reprise aux États-Unis. Nouvelle curiosité du track-listing, les titres de l'édition européenne *51st Anniversary*, *Highway Chile*, *Stars That Play with Laughing Sam's Dice* (traduction, *Stars That Play with LSD !*) et *Burning of the Midnight Lamp* sont remplacées aux États-Unis par *Crosstown Traffic*, *All Along the Watchtower*, *Red House* et *Remember*.

L'album est rapidement platine. Profitant d'une progression régulière, il atteindra le Top 10 américain en août 1970.

Des rumeurs courent sur Hendrix, comme quoi les Black Panthers désireraient récupérer sa notoriété pour en faire leur porte-parole. Dès 1969, le FBI s'intéresse sérieusement à la carrière de Hendrix, entre ses affaires de drogues, la notoriété du personnage et ses liens avec le mouvement des Black Panthers.

EN DÉCEMBRE 1969, Ed Chalpin, l'ancien manager de Jimi Hendrix lorsque celui-ci jouait pour Curtis Knight, gagne un procès contre lui. Au moment où Hendrix avait quitté Chalpin pour Chandler, il avait de nouveau signé un contrat avec Chalpin. Ce dernier sera dédommagé avec les droits américains du prochain album d'Hendrix, un pourcentage sur les ventes passées et à venir de Hendrix (2 % des royalties des trois premiers albums de Hendrix), et un million de dollars...

Toujours au tribunal, mais du côté des bonnes nouvelles, Hendrix est relaxé après son affaire de l'aéroport de Toronto, le 10 décembre. Il est prouvé que quelqu'un, sans doute une fille, a placé de la drogue sur Hendrix sans qu'il s'en rende compte. Curieusement, Hendrix promet de laisser tomber la drogue, sans doute pour faire bonne figure auprès du jury...

31 DÉCEMBRE 1969 Cette nuit-là, le nouveau groupe de Jimi Hendrix fait une prestation au Filmore East de New York. Quatre prestations seront données à cette occasion, deux avant minuit, et deux après. On considère que son interprétation de *Machine Gun*, lors de cette nuit du 31, est l'une des plus époustouflante de la carrière de Jimi Hendrix.

Malgré ce succès, le groupe Band of Gypsys ne donnera que cinq concerts dans les cinq mois suivants, la formule du groupe ne rencontrant jamais l'assentiment de Hendrix. L'album live qui sera publié à partir de ces concerts fait partie de l'arrangement entre Hendrix et Chalpin pour rembourser celui-ci des droits qu'il a sur Hendrix (période 1965-1966).

De son côté, Mike Jeffery, lui non plus, n'est pas satisfait de la formule du groupe. Il préférerait que ce soit deux Blancs qui jouent avec Hendrix, étant persuadé que le public de Hendrix (Blancs anglais et américains en grande majorité) préfère la combinaison Hendrix/Mitchell/Redding.

L'ANNÉE 1969 est pour Hendrix une année de doute tant sur le plan artistique que financier, avec des premiers questionnements sur la gestion de ses contrats d'enregistrements. Il produit, en dehors de ses activités régulières, *Sun Rise*, du groupe Eire Apparent.

LE 28 JANVIER 1970 un concert est organisé au Madison Square Garden devant 19 000 personnes, au profit du Comité de lutte contre la guerre du Viêt-Nam (Winter Festival for Peace). Mais Hendrix quitte la scène de manière précipitée, lors du second morceau. La raison invoquée étant qu'il n'était pas satisfait de la formule du groupe Band of Gypsys. En réalité, il semble que quelqu'un ait donné à Hendrix (et à son insu) une forte dose de LSD qui l'a littéralement « scotché » sur scène.

Dès le lendemain, Buddy Miles est éjecté du groupe, et une semaine après, Jeffery annonce, triomphal, le retour à la formule originale du groupe. En fait, le groupe, avec une formation différente, commence à travailler sur leur prochain album. Mitch Mitchell est rappelé par Hendrix, Billy Cox demeure à la basse. Hendrix souhaite alors sortir un double album, *First Rays of the New Rising Sun*, qui devait être une sorte de trait d'union artistique et ambitieux entre les décennies des années 60 et 70.

EN MARS 1970, Hendrix participe à des sessions londoniennes de Arthur Lee et Stephen Stills.

LE MOIS SUIVANT, une tournée américaine reprend, du 25 avril jusqu'au 1er août, à Hawaii.

EN MAI, LE 30, a lieu un concert en Californie, qui sera filmé sous le nom de *Jimi Plays Berkeley*. On annonce une reformation de Experience. Mais c'est encore Mitch Mitchell et Billy Cox qui jouent avec Hendrix. Le groupe sort un single et un album, *Band Of Gypsys*, témoignage du concert au Fillmore East. *Band of Gypsys* apparaît dans les *charts* le 2 mai. Il restera 61 semaines et finira disque d'or. L'album atteindra le numéro 5 dans le Billboard américain.

EN JUIN, Hendrix est à Hawaii pour l'enregistrement du film *Rainbow Bridge Vibratory Color – Sound Experiment*, une expérience musicale et cinématographique plutôt curieuse, qui sera un flop complet. Le film est financé par Reprise Records, qui exige en retour les droits sur la bande sonore du film.

À cette époque, Jimi Hendrix dépasse dangereusement les doses de drogues qu'il absorbe habituellement (certains jours, il est complètement « défoncé » du matin au soir...).

Il commence également à consulter des juristes pour pouvoir se débarrasser de la tutelle encombrante de Michael Jeffery, de plus en plus désagréable avec lui.

LE 15 JUIN 1970, il inaugure officiellement Electric Lady, un studio qu'il finance avec Mike Jeffery, et dont les travaux ont commencé en 1969. Michael Jeffery demeure l'unique manager d'Hendrix, après le départ de Chandler. Jeffery a décidé de construire ce studio après les séances extrêmement coûteuses d'Hendrix au Record Plant. À court d'argent, Jeffery a été obligé d'emprunter 250 000 dollars à Reprise Records (rappelons-le, filiale de Warner Bros), pour mener à bien son projet. Dans ce nouveau studio, Hendrix prépare un double album, avec en particulier des compositions comme *Hey Baby* (*New Rising Sun*), *Dolly Dagger* et *Pali Gap*, un instrumental. Il jouera souvent en 1969 et 1970 dans son studio, tentant de nouvelles expériences. Hendrix, qui estime qu'il a accordé trop de confiance à son entourage concernant ses affaires, souhaite remettre de l'ordre dans l'exploitation de celles-ci.

LE 1er AOÛT 1970, il joue son dernier concert américain, à Seattle. Celui-ci se déroule extrêmement mal, devant un public hostile.

DU 22 AU 30 AOÛT Le 22, il effectue son dernier enregistrement aux Studios Electric Lady : la chanson *Belly Button Window*. Ceux-ci sont très officiellement inaugurés, le 26 août, avant son départ pour l'Angleterre, le 27. Là, il participe au festival de l'île de Wight le 30. Le groupe passe à trois heures du matin, dans le froid. Hendrix est fatigué. Sa prestation demeure très moyenne. De plus, des troubles ont lieu avec les Hell's Angels locaux qui désirent la gratuité du festival. Pendant ce temps, toujours en Angleterre, Chalpin et Jeffery se rencontrent pour discuter du contrat de Hendrix.

AU MOIS DE SEPTEMBRE 1970, Hendrix annonce un certain nombre de projets musicaux, en particulier la collaboration avec une formation symphonique.

LE 2 DE CE MOIS, au Danemark, il est obligé d'interrompre un concert à Aarhus, après trois chansons, à la suite de graves problèmes dus à une absorption massive de barbituriques.

LE 3, il se produit au KB de Copenhague, toujours avec Billy Cox et Mitch Mitchell.

LE LENDEMAIN, il se produit à Berlin, lors du festival Super Concert 70.

LE 6 SEPTEMBRE 1970 est le jour de sa dernière prestation officielle. Elle a lieu sur l'île de Fehrman, lors du festival Love and Peace. Une dernière prestation catastrophique : il se fait pratiquement éjecter de la scène par des bikers allemands en colère... Entre temps, Billy Cox, le bassiste, subit une dépression nerveuse, suite à un mystérieux versement de LSD dans son verre. Il est rapatrié aux États-Unis.

UNE DERNIÈRE DATE, LE 14, est annulée aux Pays-Bas. Le 10, le journaliste Keith Altham mène la dernière interview de Hendrix.

LE 15 SEPTEMBRE 1970, Jimi Hendrix rejoint à Londres son amie allemande, Monika Dannemann, dans son appartement de Notting Hill Gate. Il ne souhaite pas, malgré ses problèmes de santé, intégrer un hôpital, car il sait que ses affaires de contrats avec Chalpin ne sont pas achevées, et des huissiers peuvent l'appréhender à n'importe quel moment. Il rejoint ensuite une autre amie, Lorraine James. Durant toute la journée, il se montre très nerveux, absorbé par ses problèmes d'argent avec ses avocats.

LE 16 SEPTEMBRE Plusieurs versions existent sur les dernières journées de Hendrix. Selon certains, il les passe à se réapprovisionner en drogues (il est sous forte dépendance à ce moment). Selon d'autres sources, il continue à s'occuper de ses affaires en compagnie d'amis. Il essaie de joindre Chas Chandler pour le persuader de s'occuper de son management.

D'intenses discussions avec ses avocats suivent, concernant les prochaines publications de Hendrix. Celui-ci veut toujours publier un double album. Les avocats optent plutôt pour un simple. Le soir, il retrouve Eric Burdon et War au Ronnie Scott's Club de Londres, pour une jam session qui ne restera pas dans les annales...

Il rejoint ensuite Monika chez elle. Là, comme il l'avait fait dans l'après midi pour Chas Chandler, il appelle Alan Douglas pour lui demander d'être son manager. Celui-ci craque, et décide de partir pour les États-Unis très prochainement. Chandler affirmera, après la mort de Jimi Hendrix, que celui-ci a bien contacté une « douzaine de personnes » pour trouver un manager…

LE 17 SEPTEMBRE, Hendrix réfléchit à la pochette de son prochain album. Il souhaite se rendre à New York pour préparer son enregistrement.

Selon Monika, le couple rentre le soir vers 20 h 30. Ils dînent ensemble d'un repas léger, puis discutent de musique jusqu'à 1 h 30-1 h 45. Hendrix doit ensuite rejoindre des amis. Monika l'y accompagne. Elle revient le chercher vers trois heures du matin. Visiblement, Hendrix a fumé un peu d'herbe. En rentrant, Monika lui prépare un sandwich. Le couple bavarde ensuite jusqu'à 6 h 45. Puis Monika prend un somnifère et s'endort vers 7 h 00. Peu de temps après, selon la version officielle, Hendrix prend neuf somnifères de marque allemande Vesperax, soit entre 15 et 20 fois la dose normalement prescrite…

LE 18 SEPTEMBRE 1970, Monika se réveille à 10 h 20. Elle remarque que Jimi Hendrix dort normalement. Elle sort pour chercher des cigarettes. À son retour, vers 10 h 30, elle remarque sur le nez et la bouche de Hendrix des traces de vomi. Elle essaye alors de le réveiller. N'y parvenant pas, elle appelle Eric Burdon, ami de Hendrix, pour lui demander conseil. Il la presse d'appeler un hôpital. Elle appelle une ambulance seulement vers 11 h 00, hésitant devant l'état de Hendrix, ne sachant pas si celui-ci va se réveiller ou non. L'ambulance arrive vers 11 h 20.

Jimi Hendrix est installé à l'arrière du véhicule. À ce moment, *a priori*, il est encore vivant. Mais il est installé assis et non allongé, sa tête n'ayant aucun support… Il est transporté au St Mary Abbott Hospital de Kensington, où il arrive vers 11 h 45. On constate la mort d'Hendrix. Une overdose est déclarée (plus tard, on « adoptera » la thèse de l'étouffement de Hendrix par son propre vomi).

Avant de mourir, Hendrix aurait laissé plusieurs messages, vers 1 h 30 du matin, sur le répondeur téléphonique de Chas Chandler, pour l'appeler à l'aide. Selon Chandler, celui-ci a appelé Hendrix vers 10 h 00, après avoir recueilli le message sur son répondeur. Hendrix lui aurait répondu : « Mec, je dors, appelle-moi un peu plus tard. » Il mourrait donc une heure plus tard. Après sa mort, de nombreuses personnes ont contesté cette version.

LE 23 SEPTEMBRE 1970 Gavin Thurston ajourne l'enquête, attendant un rapport médical. Le verdict sera prononcé par le Coroner Général de Londres le 28, d'après les déclarations de Monika Dannemann. Le 25, un rendez-vous est annulé : celui que Gil Evans, arrangeur de jazz ayant travaillé avec Miles Davis, devait avoir avec Jimi Hendrix pour des enregistrements avec orchestre.

Selon Monika, Jimi aurait écrit un poème de cinq pages la nuit de sa mort. Selon Eric Burdon (déclaration le 21), il aurait laissé une note expliquant son suicide. Cette note n'a jamais été retrouvée. Le 28, lors de l'autopsie, on déclare officiellement que Hendrix est mort, étouffé par son propre vomi après absorption excessive de somnifères. Malgré une présence de Seconol dans son sang, on ne conclut pas à une tentative de suicide. Le professeur Donald Teale, pathologiste, déclare : « On ne peut répondre à la question de savoir "pourquoi Hendrix a pris autant de somnifères ?" ».

Jimi Hendrix laisse à son père une fortune de deux millions de francs. Il n'avait pas dressé de testament avant sa mort. Selon les lois fédérales américaines, seul le père est bénéficiaire du legs de son fils.

Des funérailles sont organisées le 1er octobre à Seattle, en présence, entre autres, de Miles Davis et de nombreux amis musiciens. Jimi Hendrix est enterré au Greenwood Cemetary de Renton, près de Seattle. Le dernier morceau qu'il a écrit et enregistré, *Angel,* est lu lors de la cérémonie funèbre.

Quelques heures après son enterrement, une jam session est organisée avec Noel Redding, Mitch Mitchell, John Hammond Jr., Buddy Miles et Johnny Winter pour rendre un ultime hommage à Jimi Hendrix.

PEU LE TEMPS APRÈS SA MORT, Reprise Records publie l'enregistrement du Monterey Pop Festival de 1967, avec Jimi Hendrix sur une face et Otis Redding sur l'autre.

Voodoo Child, regroupant des chutes de studio parfois étonnantes de virtuosité, est publié peu de temps après. L'œuvre se classera numéro un des *charts*.

Al Hendrix (le père de Jimi) engage un avocat, Leo Branton Jr., pour l'aider dans la gestion des biens de son fils. Il existe alors d'importantes complications concernant les litiges juridiques et financiers de Jimi Hendrix.

L'APRÈS-HENDRIX (1972-1974) : En 1972, Joe Boyd sort un documentaire sur Jimi Hendrix qui est aussi un double album regroupant des passages musicaux essentiels de la carrière du chanteur.

Alan Douglas, qui a enregistré plus de mille heures de matériel à New York, pendant l'hiver 1969-1970, s'occupera officiellement des affaires post-mortem de Jimi Hendrix à partir de 1973. Il sortira plusieurs albums posthumes (dont *Crash Landing, Midnight Lightning, Smash Hits Volume 2*). Alan Douglas éditera ensuite *In the West*, compilations de titres live enregistrés à Berkeley Community Center, au San Diego Sports Arena et à l'île de Wight. Un autre album, *War Heroes*, réunit des enregistrements de studio non achevés.

En Europe, Polydor et Barclay (en France) éditent un album compilant différentes prises de studio, *Loose Ends*. Reprise Records refuse cette édition aux États-Unis.

LE 5 MARS 1973, Mike Jeffery trouve la mort lors d'un accident d'avion en France, alors qu'il empruntait un DC-9 d'Iberia pour se rendre d'Espagne en Angleterre.

EN 1974, Gil Evans consacre à Jimi Hendrix un album de reprises, *Gil Evans plays Hendrix*.

De son côté, Alan Douglas publie *Crash Landing*. L'album atteindra le Top 5 américain durant l'été 75. Cet album comporte des enregistrements de Jimi Hendrix, réédités avec l'adjonction d'un bassiste et d'un batteur. Douglas publiera ensuite sur le même principe *Midnight Lightning* et *Nine to the Universe*. Il regrettera ensuite ces éditions qui sont très discutables d'un point de vue artistique.

Dans le même temps, Douglas possède quelques bandes enregistrées par les Last Poets en 1970, sous ses auspices. Sur quelques compositions des Last Poets, Hendrix intervient à la guitare et à la basse. Douglas sort ces enregistrements sous forme de EP, sous le nom de « Doriella du Fontaine ».

Durant les années 70 et 80, Alan Douglas poursuit les rééditions, en particulier *The Essential Jimi Hendrix*, *The Jimi Hendrix Concerts*, *Kiss the Sky*, *Johnny B. Goode* et *Live at Monterey*.

LE LEG HENDRIX : En 1990, les jeans Wrangler choisissent *Crosstown Traffic* pour animer une campagne de publicité à la télévision à l'échelle européenne. Le titre, réédité en EP et CD single, atteint le Top 20 des singles anglais...

Jimi Hendrix est ensuite introduit au Rock and Roll Hall of Fame américain en 1992. Un album-hommage, *Stone Free*, sort chez Warner en 1993, présentant des reprises de Pretenders, The Cure, Eric Clapton, Buddy Guy, Ice T, Seal, Jeff Beck, PM Dawn et Living Colour.

En avril de cette année, Al Hendrix et Janie Lisa Hendrix-Wright (la demi-sœur du guitariste, 32 ans), intentent un procès à Leo Branton, Alan Douglas et divers associés pour « déformation abusive de l'image, mauvaise gestion, modifications abusives et appropriation de l'œuvre de Jimi Hendrix pendant plus de 20 ans ». Poursuivant ses travaux malgré le procès, Douglas publie, en 1994, *Blues*, un recueil de blues enregistrés par Hendrix. Il édite *Woodstock* dans le même temps, reflet de la prestation de Hendrix au festival du même nom. Puis *Voodoo Soup* sortira en 1995, remastérisé, en partie grâce au travail de batterie de Bruce Gary, batteur de The Knack, sur l'ensemble de l'album. Le disque est qualifié d'« outrage » par de nombreux spécialistes...

Durant l'été de cette année 1995, le père de Jimi Hendrix, Al, alors âgé de 76 ans, gagne les droits d'exploitation de la musique de son fils. Ces droits sont estimés à 50 millions de dollars. Le procès final survient après 25 années de lutte pour récupérer les droits et rapatrier les gains de Jimi Hendrix, essentiellement gardés aux Bahamas. Al Hendrix estime qu'il a gagné moins de 13 millions de francs sur les deux dernières décennies. Le procès, qu'il a remporté contre Leo Branton (installé alors à Los Angeles), lui permet de récupérer toutes les possessions de son fils : la propriété de la musique et de l'image de Jimi Hendrix, en particulier le catalogue de ses chansons et les masters de ses enregistrements. En échange, Al Hendrix s'engage à régler quelques vieux différends liés à des contrats anciens, et toujours en cours.

Il faut signaler qu'à cette époque, Al Hendrix vit toujours dans une maison modeste...

Avec la demi-sœur de Jimi, Janie, ils décident de créer une société, Experience Hendrix, chargée de gérer les droits du chanteur. La famille engage ensuite Eddie Kramer, premier ingénieur du son de Hendrix, et John McDermott, historien du guitariste, pour retrouver l'original des bandes des quatre albums que Hendrix a enregistré de son vivant, ainsi que les bandes de l'album sur lequel il travaillait juste avant sa mort.

DURANT L'ANNÉE 1996, Monika Dannemann, dernière petite amie en date de Hendrix à l'époque de sa mort, se suicide. Elle n'a jamais pu oublier tout le mystère et toutes les rumeurs entourant la mort du guitariste... Cette même année, Chas Chandler trouve également la mort.

EN JUIN 1996, sortent les fameuses sessions des PPX Recordings par le label allemand SPV. Ces sessions de studio datent des années 1965-1967, alors qu'Ed Chalpin manageait Hendrix.

Au cours de cette même année, Georges Marino, ingénieur du son, McDermott et Kramre remastérisent *Are You Experienced?*, *Axis : Bold as Love*, *Electric Ladyland* et *Band of Gypsys* à partir des bandes-mères originales retrouvées par McDermott à Londres, Los Angeles, New York et Stockbridge (Massachussetts).

Dans le même temps est compilé et remastérisé *First Rays of the New Rising Sun*, album sur lequel travaillait Jimi Hendrix avant sa mort.

L'ANNÉE SUIVANTE, EN 1997, Universal et MCA signent un contrat de licence mondial exclusif avec Experience Hendrix pour la distribution du catalogue de Hendrix. En avril, MCA distribue les quatre albums de Hendrix en CD remastérisés, avec pochettes et lignes originales. Ces albums, en plus du *First Rays of the New Rising Sun*, sont également publiés en format vinyl 180 grammes, avec pochette d'origine.

Dans un second temps, MCA réédite les versions américaines et anglaises de *Are You Experienced?*, dont l'ordre et la sélection des titres sont légèrement différents. La version US comporte des titres en sus. En 1997, les ventes des albums de Jimi Hendrix génèrent chaque année deux millions de dollars de royalties. Ses films, documentaires, photographies et T-Shirts rapportent 700 000 dollars par an.

De son vivant, seuls cinq disques de Jimi Hendrix, avec ses deux groupes, Experience et Band of Gypsys, ont été publiés : *Are You Experienced?*, *Axis : Bold as Love*, *Electric Ladyland*, *Smash Hits* et *Band of Gypsys*. Jusqu'en 1997, plus de 300 disques supplémentaires ont été commercialisés dans le monde sous le nom de Hendrix. Parmi ces 300 disques, plus de 250 sont pirates... On estime qu'aucun artiste rock n'a connu une telle profusion d'enregistrements post-mortem, ou même de son vivant.

Enfin, le magazine *Rolling Stones*, la bible du rock aux USA, a élu Jimi Hendrix « meilleur guitariste rock de tous les temps »...

RAPPEL DISCOGRAPHIQUE

Liste des principaux albums de Jimi Hendrix disponibles aujourd'hui. La discographie est chez MCA/Universal. Avec un astérisque, les disques publiés du vivant de Hendrix.

- **Are You Experienced ?*** / 1967

- **Axis : Bold as Love*** / 1967

- **Band of Gypsys*** / 1970

- **BBC Sessions** / réédition 1999

- **Blues** / réédition 1994

- **Electric Ladyland*** / 1968

- **First Rays Of The New Rising Sun** / réédition 1997

- **Jimi Hendrix Experience (The)** / coffret compilation 1999

- **Live at the Fillmore East** / réédition 1999

- **South Saturn Delta** / réédition 1997

- **Ultimate Experience (The)** / compilation 1992

- **Voodoo Child** / compilation 1999

- **Voodoo Soup** / réédition 1995

- **Woodstock** / réédition 1994

INDEX

MusicBook

Directeur de collection : Stéphane Chabenat, assisté de Sylvie Pina.

Éditions l'Etudiant

Directeur de collection : Olivier Rollot.

Coordinatrice éditoriale : Virginie Matéo.

Assistante : Isabelle Gruet.

Secrétariat de rédaction/maquette :

Françoise Granjon (première secrétaire de rédaction),
Christine Chadirac, Nathalie Grisoni, Nathalie Moreau Donohue,
Brigitte Ourlin.

Visuel :

Directrice artistique : Evelyne Voillaume.
Conception graphique : Elsa Daillencourt, Éliane Degoul,
Fabrication : Sabine Enders.

Diffusion : Emmanuelle Ould-Aoudia.